Heft 6.

Entscheidungen des Reichsgerichts.

Herausgegeben von

den Mitgliedern des Gerichtshofes und der Reichsanwaltschaft.

Entscheidungen des Reichsgerichts in Zivilsachen.

162. Band.

Berlin 1940

Walter de Gruyter & Co.

vormals G. J. Göschen'sche Verlagshandlung – J. Guttentag, Verlagsbuchhandlung – Georg Reimer – Karl J. Trübner – Veit & Comp.

Die „Entscheidungen in Zivilsachen" gelangen in Heften im Umfange zu 4 Bogen sowie in vollständigen gebundenen Bänden zur Ausgabe. Einbanddecken werden nach vollständigem Erscheinen der Bände zum Preise von RM. 1.— geliefert.

Inhalt.

52. Zum Begriff des mittelbaren und des unmittelbaren Schadens.

ABGB. §§ 1293, 1295, 1327. Österreichisches Eisenbahnhaftpflichtgesetz vom 5. März 1869 (Oest. RGBl. Nr. 27) § 1.

VIII. Zivilsenat. Beschl. v. 8. Januar 1940 i. S. B. (Kl.) w. K. u. Deutsche Reichsbahn (Bekl.). VIII 720/39.

I. Landgericht Innsbruck.
II. Oberlandesgericht daselbst.

Der Schrankenwärter K. hat am 27. September 1938 nach dem Eintritt der Dämmerung entgegen den bestehenden Dienstvorschriften die Bahnschranken vorzeitig geöffnet; infolgedessen wurde der Anhängewagen eines Kraftfahrzeugs durch einen abrollenden Eisenbahnwagen gestreift und hierbei der zehnjährige Armin B. zu Boden geschleudert und getötet. K. ist deshalb wegen Vergehens nach §§ 335, 337 öst.StGB. rechtskräftig verurteilt worden. Nach der Klagebehauptung ist die Mutter des getöteten Kindes, die Klägerin, unmittelbar nach dem Unfall zur Unglücksstelle gekommen und hat bei dem Anblick ihres getöteten Kindes einen Nervenzusammenbruch erlitten. Sie begehrt von K. und von der Deutschen Reichsbahn u. a. Ersatz des durch ihre Erkrankung entstandenen Schadens.

Beide Vorinstanzen haben die Klage insoweit abgewiesen. Die Revision der Klägerin führte zur Aufhebung und Zurückverweisung.

Aus den Gründen:

Die Klägerin verlangt Ersatz des Schadens, der ihr durch ihre Erkrankung infolge des Nervenzusammenbruchs entstanden ist. Die Vordergerichte haben diesen Anspruch abgewiesen, weil bloß der Anspruch auf Ersatz eines mittelbaren Schadens geltend gemacht werde, für diesen aber nicht zu haften sei. Daß eine Haftung — soweit das Gesetz keine Ausnahme festsetzt — nur für den unmittelbaren Schaden besteht, ist ein in der Rechtsprechung allgemein anerkannter Satz (vgl. SZ. Bd. XVII Nr. 132, ÖstRspr. 1935 Nr. 62). Die Frage ist aber, ob es sich bei der Erkrankung der Klägerin (Nervenzusammenbruch) wirklich bloß um einen mittelbaren Schaden handelt.

Die Tötung eines Menschen kann die Ursache sein, daß dritten Personen Auslagen erwachsen, daß ihre Pflicht zur Leistung von

Versorgungsbezügen oder Versicherungssummen ausgelöst wird, daß sie Verpflichtungen auf sich nehmen müssen, die bisher der Verstorbene getragen hat (vgl. RGZ. Bd. 64 S. 344), daß ihnen Leistungen entgehen, die der Getötete bisher entweder tatsächlich oder auf Grund eines Vertrags oder auf Grund eines Gesetzes geleistet hat. Alles dieses bildet für den Dritten einen Schaden, der nicht entstanden wäre, wenn der Tod nicht eingetreten wäre. Ein derartiger, aus dem Wegfall der getöteten Person für Dritte entstehender Schaden wird als mittelbarer Schaden angesehen. Auch im § 1327 ABGB. werden die durch die Tötung verursachten Kosten und das Aufhören gesetzlicher Unterhaltsleistungen als mittelbarer Schaden hervorgehoben. Dadurch, daß das Gesetz nur für zwei Fälle (§ 1327 ABGB.) oder für drei Fälle (§§ 844, 845 BGB.) des mittelbaren Schadens eine Haftung festsetzt, wird aber der Begriff des mittelbaren Schadens nicht geändert.

Wenn eine Mutter durch die Erregung über den Tod ihres Kindes einen Nervenzusammenbruch erleidet und so in ihrer Gesundheit geschädigt wird, tritt keine Tatsache ein, die sonst für den Begriff des mittelbaren Schadens wesentlich ist. Ihre eigene Erkrankung ist weder den Kosten, die durch den Tod des Kindes verursacht werden, noch dem Übergang einer Leistungspflicht, noch der Beendigung eines Forderungsrechts gleichzustellen. Ihre Erkrankung ist vielmehr als eine Gesundheitsschädigung anzusehen, die ebenso wie der Tod des Kindes (unmittelbar) durch das schädigende Ereignis herbeigeführt wird.

Wäre das Kind in Begleitung seiner Mutter gewesen, hätte der Bahnzug das Kind erfaßt und getötet und hätte die Mutter, obwohl sie von dem Wagen nicht berührt wurde, über den Tod des Kindes einen Nervenzusammenbruch erlitten, so könnte wohl nicht davon gesprochen werden, daß die Erkrankung der Mutter nicht unmittelbar mit der „Ereignung im Verkehr" im Zusammenhange stehe. Der Umstand, daß die Klägerin bei der Tötung des Kindes nicht selbst zugegen war, sondern erst gleich darauf zur Unglücksstelle kam, spielt aber keine entscheidende Rolle. Auch die Anwendung der Grundsätze des „adäquaten" Kausalzusammenhangs spricht für diese Auffassung; denn mit der Möglichkeit, daß die Tötung eines Kindes einen Nervenzusammenbruch der Mutter zur Folge haben könnte, muß ganz allgemein gerechnet werden; sein Eintritt widerspricht nicht dem gewöhnlichen Laufe der Dinge.

Die Rechtsprechung im Altreiche (RGZ. Bd. 133 S. 270) hat daher auch die Schadensersatzpflicht für den Fall anerkannt, daß die Mutter durch die seelische Erregung über den Tod des Kindes einen Nervenzusammenbruch und dadurch eine Schädigung ihrer Gesundheit erleidet, wenn der Tod des Kindes von dem Haftpflichtigen schuldhaft herbeigeführt worden ist. Eine entsprechende Haftung der Eisenbahn nach dem Reichshaftpflichtgesetz vom 7. Juni 1871 (RGBl. S. 207) hat das Reichsgericht dagegen stets abgelehnt, weil eine derartige Schädigung nicht „bei dem Betriebe" einer Eisenbahn entstanden sei (vgl. RGZ. Bd. 68 S. 47). Nach dem Rechte der Ostmark ist eine derartige Einschränkung nicht geboten. Denn nach dem Öst. Eisenbahnhaftpflichtgesetz hat die Eisenbahnunternehmung das Verschulden der Personen, deren sie sich zur Ausübung ihres Betriebes bedient, ebenso wie ihr eigenes Verschulden durch Leistung des Ersatzes nach Maßgabe der §§ 1325 bis 1327 ABGB. zu vertreten. Da den Erstbeklagten ein Verschulden trifft, haftet also nicht nur dieser, sondern auch die Zweitbeklagte, die Reichsbahn, nach dem hier anwendbaren Recht der Ostmark für den behaupteten Nervenzusammenbruch der Klägerin. Ist die Klagebehauptung richtig, daß eine solche Erkrankung eingetreten ist, so besteht der Schadensersatzanspruch dem Grunde nach zu Recht.

---

53. Zur Sittenwidrigkeit eines von einem Offizier der Wehrmacht im Widerspruche mit seinen Berufspflichten geschlossenen Mäklervertrags.

BGB. § 138 Abs. 1.

VII. Zivilsenat. Urt. v. 16. Januar 1940 i. S. A. (Bekl.) w. Sch. (Kl.). VII 104/39.

I. Landgericht Frankenthal.
II. Oberlandesgericht Zweibrücken.

Der Kläger behauptet, der Streitgehilfe E. habe im Jahre 1917, als er Leutnant der Reserve und Adjutant einer Waffenrüstabteilung gewesen sei, den ihm aus dieser Tätigkeit bekannt gewordenen Fabrikbesitzer F. dem Beklagten als Kaufliebhaber für dessen Kohlen- und Kupfergerechtsame nachgewiesen und zwischen beiden den Abschluß von Verträgen vermittelt, durch die F. Anteile an diesen Gerechtsamen gegen Zahlung einer hohen Vergütung — 200 Millionen Mark, von denen 3 Millionen Mark sofort gezahlt worden seien — und Gewährung einer hälftigen Gewinnbeteiligung an seinen eigenen Unternehmungen erworben habe. Mit dieser Tätigkeit habe der Beklagte den Streitgehilfen beauftragt und ihm einen Mäklerlohn von 3 v. H. des Erlöses versprochen. Auf den Anspruch des E. habe er in Teilbeträgen insgesamt erst 4000 RM. gezahlt. Von der Restforderung sei ihm, dem Kläger, ein Betrag von 33872 RM. abgetreten worden. Hiervon verlangt der Kläger mit der Klage einen Teilbetrag von 6500 RM. nebst Zinsen. Der Beklagte hat Abweisung dieser Klage beantragt. Er hat bestritten, daß er einen Mäklerlohn versprochen und daß der Streitgehilfe eine den Anspruch auf Mäklerlohn begründende Tätigkeit beim Abschluß der Verträge mit F. entfaltet habe; hilfsweise hat er geltend gemacht, ein Mäklervertrag des vom Kläger behaupteten Inhalts sei wegen Verstoßes gegen die guten Sitten nichtig, jeder Anspruch daraus überdies verjährt und verwirkt.

Das Landgericht hat die Klage abgewiesen, das Oberlandesgericht auf die Berufung des Klägers dieses Urteil abgeändert und unter Ermäßigung des Zinsanspruchs nach dem Klageantrag erkannt. Die Revision des Beklagten führte zur Wiederherstellung des landgerichtlichen Urteils.

Gründe:

Das Berufungsgericht hält für erwiesen, daß der Beklagte dem Streitgehilfen E. vor der Aufnahme seiner — erfolgreichen — Nachweis- und Vermittlungstätigkeit einen der Höhe nach nicht bestimmten Mäklerlohn versprochen habe. Dieses Mäklerabkommen sei, so meint der Vorderrichter, nicht sittenwidrig (§ 138 Abs. 1 BGB.). Der Vertragsinhalt, die Zusage einer Vergütung für die Zuführung eines zahlkräftigen Käufers seiner Berggerechtsame durch den Beklagten, sei nicht anstößig. Auch die begleitenden Umstände, daß E. damals Offizier und Adjutant einer Waffenrüstabteilung gewesen und den Lieferkunden dieser Abteilung, den Unternehmer F., dem Beklagten als Käufer zugeführt habe, vermöchten das Abkommen nicht zu einem sittenwidrigen zu stempeln. E. sei nur Reserveoffizier gewesen. Die Mißbilligung geschäftlicher Betätigung, wie sie bei aktiven Offizieren allgemein geboten sei, könne deshalb für ihn nicht gelten. Dem

Reserveoffizier müsse es auch im Falle seiner Einberufung gestattet sein, außerhalb seines Dienstes, und soweit seine Pflichten als Offizier dadurch nicht berührt würden, sowohl in seinem bürgerlichen Berufe sich geschäftlich zu betätigen, wie auch andere, nicht gegen Anstand und Sitte verstoßende Geschäfte abzuwickeln. Die Standesehre des Offiziers werde dadurch nicht berührt. Da E. in Ausführung des Abkommens mit dem Beklagten nicht gewerblich tätig geworden sei, habe er dazu auch einer Genehmigung seines dienstlichen Vorgesetzten selbst dann nicht bedurft, wenn die damals geltende, diese Genehmigung für Militärpersonen des Friedensstandes vorschreibende Bestimmung des § 43 des Reichsmilitärgesetzes vom 2. Mai 1874 auf alle Angehörigen mobiler Truppenteile sinngemäß anzuwenden wäre. Damit, daß E. den Heereslieferer F. als Vertragsgegner des Beklagten habe gewinnen wollen und gewonnen habe, könne die Sittenwidrigkeit des Abkommens mit dem Beklagten ebenfalls nicht begründet werden. Durch seine Werbung um F. habe seine dienstliche Stellung diesem gegenüber nicht beeinträchtigt werden können, da F. mit seinen Erzeugnissen eine Vormachtstellung innegehabt und sich um die Abnahme seiner Lieferungen beim Reiche nicht habe zu bemühen brauchen. Wenn E. den F. auch zunächst in dienstlicher Eigenschaft kennen gelernt habe, so sei er ihm doch infolge der täglichen Begegnung freundschaftlich nähergetreten. Auch daraus, daß E. mit F. auf seiner Dienststelle über das Geschäft mit dem Beklagten gesprochen habe, könne ihm, da er sich dem bei der Häufigkeit der Besuche F.s nicht habe entziehen können, kein Vorwurf gemacht werden. E. habe allerdings insofern gegen seine Dienstpflichten gefehlt, als er dem Beklagten, um ihn von der Leistungsfähigkeit F.s zu überzeugen, Aufschlüsse über dessen Lieferungen an das Reich und die ihm daraus zufließenden Einnahmen gemacht habe. Dadurch habe er das Dienstgeheimnis verletzt und sich dienststrafrechtlicher Verfolgung ausgesetzt. Eine deshalb verwirkte Dienststrafe habe aber nicht besonders schwer ausfallen können, weil E. aus vaterländischen Gründen es für erstrebenswert gehalten habe, daß die F. zufließenden Beträge dem deutschen Volksvermögen wieder nutzbar gemacht und zugleich die damals in Deutschland herrschende Kohlen- und Kupfernot durch Erschließung der Bodenschätze des Beklagten behoben würden.

Der Berufungsrichter geht hiernach an sich zutreffend davon aus, daß Sittenwidrigkeit nach § 138 Abs. 1 BGB. nur dann anzunehmen ist, wenn das Rechtsgeschäft nach seinem aus der Zusammenfassung von Beweggrund, Inhalt und Zweck zu entnehmenden Gesamtwesen dem sittlichen Empfinden der Volksgemeinschaft widerspricht. Er verkennt auch nicht, daß es für die Rechtsschutzwürdigkeit eines Anspruchs nicht allein darauf ankommt, ob das ihn begründende Rechtsgeschäft zur Zeit seines Abschlusses den sittlichen Anforderungen entsprochen hat, sondern auch darauf, ob sein weiterer Vollzug mit der nunmehr herrschenden Anschauung über das, was sittlich erlaubt ist, verträglich erscheint (RGZ. Bd. 150 S. 1, Bd. 153 S. 294 [303], Bd. 161 S. 153 [157]). Die Anwendung dieser Grundsätze auf den vorliegenden Fall ist indessen rechtlich verfehlt. Die Besonderheit dieses Falles liegt nach den Feststellungen des Berufungsrichters darin, daß der Streitgehilfe E. als damaliger Offizier und Adjutant einer Heeresbeschaffungsstelle gegen das Versprechen einer Mäklergebühr den ihm dienstlich bekannt gewordenen Heereslieferkunden F. dem Beklagten als Vertragsgegner zugeführt, die werbenden Verhandlungen darüber auf seiner Dienststelle gepflogen und dem Beklagten, um dessen Bedenken zu zerstreuen, über die Vermögens- und Einkommensverhältnisse F.s Auskünfte erteilt hat, die ihm nur unter Verletzung des Dienstgeheimnisses möglich waren. Für die sittliche Beurteilung dieses Verhaltens kann es — darin ist der Revision beizutreten — nicht erheblich sein, ob der Streitgehilfe Berufsoffizier war oder als Offizier des Beurlaubtenstandes Dienste tat. Diese Unterscheidung mag für die Frage Bedeutung haben, ob nach den wehrrechtlichen Bestimmungen ein Angehöriger der Wehrmacht für die Ausübung einer gewerblichen Tätigkeit und die Übernahme eines mit Vergütung verbundenen Nebengeschäfts der Erlaubnis seines Vorgesetzten bedarf (§ 43 RMilG. vom 2. Mai 1874, § 28 WehrG. vom 21. Mai 1935). Darum handelt es sich hier nicht. Hier steht in Frage, ob ein Offizier, ohne pflichtwidrig zu handeln, dienstlich gewonnene Kenntnisse und Beziehungen zur Entfaltung einer entgeltlichen Mäklertätigkeit benutzen darf. In dieser Frage kann der Offizier des Beurlaubtenstandes nicht anders beurteilt werden als der Berufsoffizier. Sie berührt im Kern die bei jedem Offizier in gleicher Weise zu erfordernde besondere Ehr- und Pflichtauffassung. Diese gebietet — darin ist der Auffassung des vom Berufungsgericht als Sachverständigen angehörten Oberstleutnants M. beizupflichten —, daß ein Offizier bei seiner dienstlichen

Verwendung in der Wehrmacht sich von Geschäften eigennütziger Art fernhält, bei denen auch nur der Verdacht entstehen könnte, daß sie unter Ausnutzung dienstlich erworbener Kenntnisse und Möglichkeiten zustande gekommen seien. Dieses Gebot hat 1917 ebenso uneingeschränkt gegolten, wie es, worauf es entscheidend ankommt (RGUrt. vom 3. November 1939 III 40/39 in DRW. 1940 S. 112 Nr. 11), heute Geltung beansprucht. Der Streitgehilfe E. aber hat sich nicht nur dem Verdacht eigennütziger Ausnutzung dienstlicher Kenntnisse ausgesetzt; er hat vielmehr tatsächlich den dienstlich erworbenen Einblick in die Vermögens- und Einkommensverhältnisse F.s sowie seine dienstlichen Beziehungen zu diesem zur Anbahnung des vom Beklagten erstrebten Geschäfts ausgenutzt, um eine ihm versprochene Vermittlergebühr zu verdienen. Die Pflicht- und Standeswidrigkeit dieses Handelns kann mit den vom Berufungsrichter aufgeführten Gründen nicht ausgeschlossen werden. Wenn darin zunächst die Auffassung vertreten ist, daß der Vertragsinhalt an sich nicht anstößig sei, weil E. die Zusage eines Mäklerlohns nur dafür entgegengenommen habe, daß er dem Beklagten einen zahlungskräftigen Käufer zuführe, so steht das im Widerspruch mit den tatsächlichen Feststellungen des Urteils über den Inhalt der Verhandlungen zwischen dem Beklagten und E. Danach hat der Beklagte diesen nicht schlechthin um den Nachweis eines geeigneten Käufers ersucht. Sein Auftrag richtete sich ausschließlich auf F., nachdem E., zunächst in anderem Zusammenhang, auf diesen aufmerksam gemacht und den Beklagten gefragt hatte, ob es ihm recht sei, wenn er F. auf seine geschäftlichen Unternehmungen hinweise. Der Beklagte hat ihm darauf nähere Weisungen gegeben, in welcher Weise er die Annäherung an F. wünsche. Der Vertrag, aus dem E. den Vergütungsanspruch herleitet, kann also nur die Anbahnung und Vermittlung vertraglicher Beziehungen zu F. zum Gegenstande gehabt haben. Dieser Vertrag war demnach, entgegen der Annahme des Vorderrichters, bereits seinem ursprünglichen Inhalte nach für E. pflichtwidrig. Er blieb es auch dann, wenn, wie der Berufungsrichter annimmt, E. durch die Ausführung des Auftrags eine seine dienstliche Stellung beeinträchtigende Abhängigkeit von F. deshalb nicht zu befürchten brauchte, weil dieser infolge seiner Vormachtstellung gegenüber der Heeresverwaltung auf E. nicht angewiesen war. Mag dieser weiterhin auch F. persönlich nähergekommen sein, so blieb F. doch der Heereslieferer, und als solcher mußte er für den dauernd im dienstlichen Verkehre mit ihm stehenden Offizier der Beschaffungsabteilung für privatgeschäftliche, eigennützige Unternehmungen, die nur durch die Ausnutzung dienstlich erworbener Einblicke zum Erfolge führen konnten, außer jedem Betracht bleiben. Die Pflichtwidrigkeit des Verhaltens E.s kann auch nicht durch dessen Überlegung ausgeschlossen werden, daß durch das Zustandekommen des Vertrages zwischen E. und F. vaterländischen Belangen gedient worden sei. Wenn diese Erwägungen bei ihm vorherrschend gewesen wären, hätte er nach der durchaus zutreffenden Meinung des Oberstleutnants M. die Angelegenheit seiner Dienststelle unterbreiten und deren Entschließung darüber, ob und in welcher Weise sie dienstlich zu fördern war, abwarten müssen. Das tatsächliche Verhalten E.s belastet ihn mit dem unwiderleglichen Vorwurf, daß nicht derartige Beweggründe ihn geleitet haben, sondern daß er sich letzten Endes nur deshalb auf die Sache eingelassen hat, weil ihm ein hoher Mäklerlohn winkte.

Hat danach der Streitgehilfe E. durch die Übernahme des Mäklerauftrags gegen die Ehr- und Pflichtauffassung des Offiziers verstoßen, so muß diesem Vertrag unter dem Gesichtspunkte des § 138 Abs. 1 BGB. die rechtliche Gültigkeit abgesprochen werden. Wenn auch der Umstand, daß ein Vertrag unter Verletzung der Standespflichten geschlossen wird, der Vereinbarung noch nicht ohne weiteres und in jedem Falle den Stempel der Unsittlichkeit aufprägt (RGZ. Bd. 115 S. 135 [144], Bd. 142 S. 70 [81], Bd. 153 S. 294 [302]), so ist doch im vorliegenden Falle die Anlegung eines strengen, diese Folgerung ohne weiteres gebietenden Urteilsmaßstabs geboten. Der Offizier ist Träger wichtigster staatlicher Aufgaben. Die Sicherheit der Landesverteidigung ist in hohem Maße durch die Sauberkeit und Unantastbarkeit seiner Ehr- und Pflichtauffassung bedingt. Deshalb kann, namentlich in heutiger Zeit, nicht zweifelhaft sein, daß jede ernstliche, vor allem eine auf eigennützigen Beweggründen beruhende Verletzung der dem Offizier obliegenden besonderen Pflichten von der Volksgemeinschaft auch als sittlich verwerflich empfunden wird. Die Frage, ob eine einseitige, dem Beklagten etwa unbekannte Pflichtverletzung E.s zur Herbeiführung der Nichtigkeit des Mäklervertrags ausreicht, braucht nicht aufgeworfen zu werden. Der Beklagte, der unstreitig die Offizierseigenschaft des E. und dessen dienstliche Stellung zu F. kannte, muß sich der Unzulässigkeit des erteilten Auftrags bewußt gewesen sein, und er handelte ebenfalls unsittlich, wenn er gleichwohl den Mäklerlohn versprach und E. dadurch veranlaßte, eine Aufgabe zu übernehmen, die ihn mit seinen Pflichten in Widerspruch setzen mußte.

Diese Beteiligung des Beklagten an dem sittenwidrigen Geschäft kann aber nicht dazu dienen, ihm die Berufung auf die Nichtigkeit des Abkommens zu versagen. Die Berufung auf die als Folge des Verstoßes gegen § 138 Abs. 1 BGB. eintretende Nichtigkeit ist keine Einrede. Die Nichtigkeit ist vom Gericht, wenn sie im Parteivorbringen zutage tritt, von Amts wegen zu berücksichtigen. Sie kann deshalb auch von dem Vertragsteil, dem selbst ein Verstoß gegen die guten Sitten zur Last fällt, geltend gemacht werden. Wenn er aus diesem Grunde die Erfüllung verweigert, kann ihm die Einrede der Arglist nicht entgegengehalten werden. Der Grundsatz, daß die Geltendmachung der Nichtigkeit dann, wenn diese mit Rücksicht auf ein früheres Verhalten gegen Treu und Glauben verstößt, als arglistig nicht zuzulassen ist, gilt nur für die Berufung auf die Formnichtigkeit eines Rechtsgeschäfts. Im Falle der Nichtigkeit wegen Sittenverstoßes ist dieser Grundsatz nicht anwendbar (RGZ. Bd. 160 S. 52 [56]). Damit erledigt sich die Hilfserwägung des Berufungsgerichts, mit der es dem Beklagten die Berufung auf die etwaige Nichtigkeit des Mäklerabkommens versagt.

Das angefochtene Urteil ist hiernach wegen Verletzung des § 138 Abs. 1 BGB. aufzuheben. Die Prüfung des vom Berufungsgericht festgestellten Sachverhalts ergibt zugleich die Nichtigkeit des Vertrags, aus dem der Klageanspruch hergeleitet wird. Die Klage erweist sich danach, ohne daß auf die sonstigen Einwendungen des Beklagten eingegangen zu werden braucht, als unbegründet.

---

54. 1. Welches Recht ist nach dem deutschen zwischenstaatlichen Privatrecht für das Rechtsverhältnis zwischen einem Kind aus der geschiedenen Ehe eines Ausländers und den Eltern maßgebend?

2. Gilt dafür das Heimatrecht des Vaters auch, wenn die in Deutschland lebende geschiedene Frau eines Ausländers die Reichsangehörigkeit erworben hat? Inwieweit sind die zur Regelung dieses Verhältnisses nach dem entsprechenden ausländischen Recht ergangenen Entscheidungen ausländischer Behörden von den deutschen Gerichten zu beachten?

3. Gehörte die Verteilung der Personensorge gemäß dem früheren § 1635 Abs. 1 Satz 1 BGB. zum „ordre public“ des deutschen Rechts?

EG. z. BGB. Art. 19, 30. BGB. § 1635 Abs. 1.

IV. Zivilsenat. Urt. v. 25. Januar 1940 i. S. S. (Kl.) w. D. (Bekl.). IV 124/39.

I. Landgericht Nürnberg-Fürth.
II. Oberlandesgericht Nürnberg.

Der Kläger, ein niederländischer Staatsangehöriger, war mit der Beklagten seit 1922 in Deutschland verheiratet. Durch die Heirat erwarb die Beklagte, die bis dahin deutsche Reichsangehörige gewesen war, ebenfalls die niederländische Staatsangehörigkeit. Aus der Ehe ging eine 1929 geborene Tochter hervor. Ende 1934 trennten sich die Parteien; der Kläger ging nach Holland, während die Beklagte mit dem Kind in Deutschland blieb. Durch Urteil des Landgerichts G. (Holland) vom 4. April 1935 wurde die Ehe auf die Klage des Mannes und die Widerklage der Frau wegen beiderseits anerkannter Untreue rechtskräftig geschieden. Auf Antrag des Klägers wurde die Scheidung am 8. Juni 1935 im Zivilstandsregister der Gemeinde G. eingetragen. Da sich nachträglich herausstellte, daß damals das Scheidungsurteil zwar gegenüber der Beklagten schon rechtskräftig geworden war, dagegen die Berufungsfrist für den Kläger erst am 5. Juli 1935 ablief, erwirkte der Kläger eine Verfügung des Landgerichts G., auf Grund deren die Eintragung der Scheidung, soweit sie auf die Widerklage der Frau ausgesprochen war, im Zivilstandsregister gestrichen wurde; die Eintragung wurde innerhalb der dafür bestehenden Frist auch nicht von neuem erwirkt. Bereits am 24. Juni 1935 hatte das Landgericht G. angeordnet, daß der Kläger die Vormundschaft über seine Tochter auszuüben habe, daß sein Vater zum Gegenvormunde bestellt werde und daß das Kind, wenn es sich nicht schon in der Gewalt des Vormunds befinde, an ihn herauszugeben sei. Diese Verfügung, gegen welche die Beklagte Berufung eingelegt hatte, wurde vom zuständigen Oberlandesgericht rechtskräftig bestätigt. Der Versuch des Klägers, für die Verfügungen auf Herausgabe des Kindes an ihn in Deutschland ein Vollstreckungsurteil gemäß §§ 722 flg. ZPO. zu erlangen, hatte keinen Erfolg. Seine dahin gehende Klage wurde mit der Begründung abgewiesen, daß die Gegenseitigkeit im Verhältnis zu den Niederlanden nicht verbürgt sei.

Mit der gegenwärtigen Klage begehrt der Kläger die Verurteilung der Beklagten zur Herausgabe des Kindes an ihn, indem er sich auf die Verfügungen der holländischen Gerichte und die Geltung des niederländischen Rechts für den Anspruch beruft. Die Beklagte, die nach ihrer Scheidung die niederländische Staatsangehörigkeit aufgegeben hatte und am 31. Dezember 1936 durch Heirat eines in Deutschland eingebürgerten Mannes wieder Deutsche geworden ist, macht geltend, nach § 1635 BGB. stehe ihr die Sorge für die Person der Tochter zu; diese lebe bei ihr und werde deutsch erzogen. Das Landgericht wies die Klage ab. Gegen das Urteil legte der Kläger unter Wiederholung des Klageantrags Berufung ein. Nunmehr beantragte die Beklagte beim deutschen Vormundschaftsgericht, ihr die Sorge für die Person des Kindes zu übertragen, und erwirkte, nachdem sie im ersten Rechtsgang abgewiesen war, einen dahingehenden Beschluß des Landgerichts, der auf weitere Beschwerde des Klägers durch Beschluß des Oberlandesgerichts bestätigt wurde. Darauf wies das Berufungsgericht die Berufung des Klägers zurück. Seine Revision führte zur Aufhebung der Vorderurteile und zur Verurteilung der Beklagten.

Gründe:

Der Kläger stützt den Klageanspruch auf die Verfügungen der niederländischen Gerichte, durch die ihm die Vormundschaft über sein Kind übertragen und dessen Herausgabe an ihn angeordnet wurde. Daß der Antrag auf Erlaß eines Vollstreckungsurteils für diese Verfügungen rechtskräftig abgewiesen worden ist, steht nach den insoweit bedenkenfreien Darlegungen des Berufungsgerichts der jetzigen Klage nicht entgegen, da über den Herausgabeanspruch selbst nicht entschieden ist. Wie dieser bei den deutschen Gerichten geltendzumachen ist, bestimmt sich, auch wenn er sachlich nach ausländischem Rechte zu beurteilen ist, nach den deutschen Gesetzen, die dafür den ordentlichen Rechtsweg eröffnen (§ 1632 BGB.).

Für die Scheidung der Ehe der Parteien waren, da beide damals Niederländer waren, die niederländischen Gesetze maßgebend (Art. 17 EG. z. BGB.). Gegen die Anerkennung des Scheidungsurteils bestehen keine Bedenken (§ 328 ZPO.). Davon geht ersichtlich auch das Berufungsgericht aus. Es ist weiter der Ansicht, daß sich die Rechte der geschiedenen Eheleute an dem Kinde zwar zunächst gemäß Art. 19 EG. z. BGB. nach niederländischem Rechte bestimmt hätten, daß aber, seit die Beklagte die deutsche Reichsangehörigkeit wiedererlangt hat, für ihre Beziehungen zu dem Kinde das deutsche Recht, nämlich § 1635 BGB., maßgebend sei und ihr danach im Hinblick auf die aus beiderseitigem Verschulden ausgesprochene Scheidung das Recht der Fürsorge für die Person der Tochter zustehe, was sie dem Herausgabeanspruche des Klägers mit Erfolg entgegensetzen könne. Die Anwendung des Haager Vormundschaftsabkommens lehnt das Berufungsgericht im gegebenen Fall ab. Diese Auffassung hält der rechtlichen Nachprüfung in wesentlichen Punkten nicht stand.

Nach Art. 19 EG. z. BGB. wird das Rechtsverhältnis zwischen den Eltern und einem ehelichen Kinde nach den deutschen Gesetzen beurteilt, wenn der Vater und, falls er gestorben ist, die Mutter die Reichsangehörigkeit besitzt. Der Fall, daß die Eltern oder zum mindesten der Vater eine nichtdeutsche Staatsangehörigkeit haben, ist in der Vorschrift nicht ausdrücklich geregelt. Aus ihr ist aber über ihren Wortlaut hinaus der Grundsatz zu entnehmen, daß für die Frage nach dem anzuwendenden Recht allgemein die Staatsangehörigkeit des Vaters als des regelmäßigen Inhabers der elterlichen Gewalt bei dessen Lebzeiten entscheiden muß (Staudinger-Raape BGB. VI 2, Bem. A zu Art. 19 mit Nachweisen, Palandt BGB. Bem. 3 zu Art. 19, RGUrt. in JW. 1932 S. 588 Nr. 6). Art. 19 EG. z. BGB. gilt an sich auch, wenn die Eltern des Kindes geschieden sind. Die bestrittene Frage, ob die durch eine Scheidung notwendig werdende Regelung der Elternrechte unter die genannte Vorschrift oder als Nebenwirkung der Scheidung unter Art. 17 EG. z. BGB. fällt, beantwortet das Berufungsgericht im ersten Sinne (ebenso Staudinger-Raape a. a. O. Bem. C II 1, Palandt Bem. 4, Maßfeller in JW. 1935 S. 831). Das ist rechtlich nicht zu beanstanden, weil auch die Neugestaltung der elterlichen Rechte nach der Scheidung (vgl. §§ 1635, 1636 BGB.) das Verhältnis des Kindes zu den Eltern betrifft.

Danach ist im vorliegenden Falle für das Verhältnis der Parteien zu ihrer Tochter nach der Scheidung das niederländische Recht maßgebend. Wie das Berufungsgericht feststellt, bestimmt nach dem in Frage kommenden Art. 284 des Niederländischen Bürgerlichen Gesetzbuches das Gericht bei der Scheidung für jedes aus der Ehe hervorgegangene Kind, welcher Elternteil darüber die Vormundschaft ausüben soll. Diese Regelung haben die zuständigen niederländischen Gerichte dahin getroffen, daß dem Kläger die Vormundschaft über die Tochter der Parteien übertragen wurde. Die Vormundschaft tritt hier nach niederländischem Recht an die Stelle der bisherigen elterlichen Gewalt, die mit der Scheidung der Ehe endigt. Dem Kläger steht daraufhin die Sorge für die Person des Kindes zu und damit auch der durch das niederländische Gesetz noch besonders anerkannte Anspruch, von jedem anderen die Herausgabe des Kindes zu verlangen. Die Anwendung des niederländischen Rechts wäre nur dann ausgeschlossen, wenn sie gegen die guten Sitten oder gegen den Zweck eines deutschen Gesetzes verstoßen würde (Art. 30 EG. z. BGB.). Das hat das Berufungsgericht nicht angenommen. Davon kann auch keine Rede sein. Für die Entscheidung des Gerichts, welcher Elternteil die Vormundschaft über das Kind ausüben soll, sind nach niederländischem Recht die Belange des Kindes maßgebend. Damit steht die deutsche Anschauung im Einklang, wonach bei der Regelung des Rechtsverhältnisses zwischen Eltern und Kindern ebenfalls das Wohl des Kindes zu beachten ist. Das gilt auch für die Zuteilung der Kinder aus geschiedenen Ehen gemäß dem bisher geltenden § 1635 BGB. Nach dieser Vorschrift wird zwar die Sorge für die Person der Kinder in erster Reihe nach dem Schuldausspruch im Scheidungsurteil verteilt, aber gleichzeitig das Vormundschaftsgericht zur anderweiten Regelung ermächtigt, falls das Wohl des Kindes es erfordert. Die Auffassung von der maßgebenden Bedeutung der Belange des Kindes wird jetzt auch durch § 81 des neuen Ehegesetzes bestätigt, wonach stets eine Regelung nach Maßgabe des Kindeswohls durch das Vormundschaftsgericht vorgenommen werden muß. Obwohl § 81 gemäß § 97 EheG. auf die schon vor seinem Inkrafttreten geschiedene Ehe der Parteien für das Kind nicht anwendbar ist, kann er doch als Anzeichen für die bei der früheren deutschen Regelung des Sorgerechts maßgebenden Gesichtspunkte herangezogen werden. Keinesfalls gehört § 1635 Abs. 1 Satz 1 BGB. zum sogenannten ordre public des deutschen Rechts mit der Wirkung, daß eine davon abweichende ausländische Regelung unter Art. 30 EG. z. BGB. fallen und demgemäß unbeachtlich sein würde.

Auch das Berufungsgericht will die nach den niederländischen

Gesetzen getroffene Regelung für die Zeit als verbindlich anerkennen, in der noch beide Parteien die niederländische Staatsangehörigkeit besaßen, nicht mehr dagegen für die Zeit nach dem mit der Wiederheirat der Beklagten eingetretenen Wechsel ihrer Staatsangehörigkeit. Es führt aus, wenn der nach Art. 19 maßgebende Elternteil die Staatsangehörigkeit wechsele, ändere sich auch das anzuwendende Recht. Dem Grundgedanken des Art. 19 lasse sich der in RGZ. Bd. 81 S. 373 ausgesprochene Grundsatz entnehmen, daß bei einem späteren Erwerbe der Reichsangehörigkeit durch die geschiedene Ehefrau deutsches Recht anzuwenden sei, namentlich, falls ihr nach dem deutschen Gesetze die Erziehung ihres ehelichen Kindes zustehe, auf die sich aus der Sorge für die Person des Kindes ergebenden Rechte. Für die unveränderte Geltung dieses Grundsatzes spreche das Gesetz über die erweiterte Anwendung deutschen Rechts bei der Ehescheidung vom 24. Januar 1935 (RGBl. I S. 48). Seit dem 31. Dezember 1936 seien deshalb die Beziehungen zwischen der Beklagten und dem Kinde nach § 1635 BGB. zu beurteilen. Das Scheidungsurteil enthalte zwar entsprechend dem niederländischen Rechte keinen Schuldausspruch; aus den Urteilsgründen, die durch das spätere Verfahren zur Berichtigung der Eintragung im Zivilstandsregister nicht berührt worden seien, ergebe sich aber, daß die Scheidung aus beiderseitigem Verschulden geschehen sei. Nach § 1635 BGB. stehe daher der Beklagten jetzt das Personensorgerecht für die Tochter zu, und zwar ohne besondere Übertragung. Das gebe ihr gegenüber dem nach niederländischem Recht bestehenden Herausgabeanspruch des Klägers die Befugnis, die Herausgabe des Kindes zu verweigern.

Die Angriffe der Revision gegen die Annahme, daß der Beklagten infolge des späteren Erwerbs der deutschen Reichsangehörigkeit das deutsche sachliche Recht zur Seite stehe, sind berechtigt. Ein allgemeiner Grundsatz, daß die in Deutschland lebende geschiedene Ehefrau eines Ausländers, sobald sie die Reichsangehörigkeit erlangt, in ihrem — bisher nach ausländischem Rechte zu beurteilenden — Verhältnis zu den Kindern aus der geschiedenen Ehe fortan dem deutschen Recht unterstehe, ist nicht anzuerkennen. Er kann insbesondere nicht aus Art. 19 EG. z. BGB. hergeleitet werden. Danach rechtfertigt die Reichsangehörigkeit der Mutter eines ehelichen Kindes nur dann die Anwendung des deutschen Rechts auf das Eltern- und Kindesverhältnis, wenn der Vater gestorben ist; sonst kommt es allein auf die Staatsangehörigkeit des Vaters oder unter Umständen auf die des Kindes an. Zu Unrecht beruft sich das Berufungsgericht auch für seine Auffassung auf das Gesetz über die Anwendung des deutschen Rechts bei der Ehescheidung vom 24. Januar 1935. Dieses Gesetz bezweckte lediglich die Beseitigung von Unzuträglichkeiten auf dem Gebiete des Scheidungsrechts in dem besonderen Falle, in dem das nach Art. 17 EG. z. BGB. maßgebende Heimatrecht des Ehemannes eine Auflösung der Ehe dem Bande nach nicht zuläßt und die in Deutschland lebende deutsche Ehefrau dadurch an der Eingehung einer neuen Ehe gehindert war, und darf nicht verallgemeinert werden. Der nachträgliche Erwerb der Reichsangehörigkeit durch die Beklagte vermag hiernach die Anwendung des deutschen Rechts auf das Verhältnis der Beklagten zu dem Kinde, das seine niederländische Staatsangehörigkeit behalten hat, nicht zu rechtfertigen. Für dieses Verhältnis ist vielmehr nach wie vor das niederländische Recht maßgebend. Die auf Grund des niederländischen Rechts von den zuständigen Gerichten getroffene Regelung der Personensorge für das Kind ist somit auch für die deutschen Behörden verbindlich, es sei denn, daß Art. 30 EG. z. BGB. entgegensteht. Das letzte ist nach den früheren Ausführungen trotz des nachträglichen Erwerbs der deutschen Reichsangehörigkeit durch die Beklagte zu verneinen und wird auch von dem Berufungsgericht nicht angenommen. Soweit in dem — vom Schrifttum bekämpften (vgl. RGRKomm. z. BGB. Vorbem. 6 vor § 1616, Staudinger-Raape a. a. O. Bem. A II 1, C II 1b und c mit weiteren Nachweisen sowie C III letzter Absatz, Maßfeller a. a. O.) — Urteil des erkennenden Senats vom 20. Februar 1913 (RGZ. Bd. 81 S. 373) etwas anderes ausgesprochen ist, kann daran nicht mehr festgehalten werden.

Aus den bisherigen Erörterungen ergibt sich bereits das Bestehen des nach niederländischem Rechte zu beurteilenden Klageanspruchs auf Herausgabe des Kindes als Rechtsfolge der dem Kläger mit der Vormundschaft übertragenen Personensorge. Kraft Gesetzes steht demgegenüber der Beklagten ein selbständiges Recht der Sorge für die Person des Kindes nicht zu, insbesondere nicht aus dem hier unanwendbaren § 1635 BGB. Zu prüfen bleibt nur, ob in diesem Rechtszustand eine Änderung durch die von der Beklagten erwirkte Anordnung des Vormundschaftsgerichts eingetreten ist. Das ist nicht der Fall. Die deutschen Vormundschaftsgerichte sind zwar auch dann zu Eingriffen in das Rechtsverhältnis geschiedener Eheleute zu ihrem Kinde zuständig, wenn sachlich ausländisches Recht maßgebend ist, vorausgesetzt, daß das Wohl des Kindes oder öffentliche Belange ein solches Eingreifen dringend erfordern (Staudinger-Raape a. a. O. Bem. C II 2b, Maßfeller a. a. O.; RGUrt. in WarnRspr. 1927 Nr. 121). Das würde auch dann gelten, wenn im gegebenen Falle, wo dem Kläger an Stelle der mit der Scheidung erloschenen elterlichen Gewalt die „Vormundschaft" über das Kind übertragen worden ist, etwa das im Verhältnis zwischen dem Deutschen Reich und den Niederlanden geltende Haager Abkommen zur Regelung der Vormundschaft über Minderjährige vom 12. Juni 1902 anwendbar wäre (vgl. Art. 7 das.). Deshalb kann in diesem Zusammenhange dahingestellt bleiben, ob die Ansicht des Berufungsgerichts von der Unanwendbarkeit des Haager Abkommens auf den vorliegenden Sachverhalt rechtsirrtümlich ist, wie die Revision geltend macht. Eine solche an sich zulässige und unter seine sachliche Zuständigkeit fallende Regelung hat aber im vorliegenden Falle das Vormundschaftsgericht oder das an seiner Stelle tätig gewordene Beschwerdegericht nicht getroffen und nicht treffen wollen. Die vom Beschwerdegericht ausgesprochene Übertragung der Personensorge auf die Beklagte ist vielmehr, wie nach der im Berufungsurteile wiedergegebenen Begründung des auf die weitere Beschwerde ergangenen Beschlusses des Oberlandesgerichts nicht zweifelhaft sein kann, als eine bloße Klarstellung zu verstehen, daß der Beklagten das Personensorgerecht bereits nach § 1635 Abs. 1 Satz 1 BGB. zustehe und kein Anlaß zu einer abweichenden Regelung vorliege. Von einer förmlichen Berichtigung der Beschlußformel in diesem Sinne hat das Gericht der weiteren Beschwerde nur deshalb abgesehen, weil ihre Fassung keine Beschwerung des Klägers enthalte und auch Mißverständnisse nicht wohl möglich seien. Die Entscheidung hat also das Verhältnis der Parteien zu dem Kinde nicht neu gestaltet, sondern nur eine Rechtslage klargestellt, die nach der — irrtümlichen — Ansicht des Gerichts bereits bestand. Unter diesen Umständen kann die Beklagte aus der vormundschaftsgerichtlichen Anordnung für sich ein Recht, die Herausgabe des Kindes gegenüber dem begründeten Anspruche des Klägers zu verweigern, nicht herleiten.

55. Verstößt es gegen die Grundsätze des lauteren Wettbewerbs, wenn sich Bestattungsunternehmer um den Auftrag zur künftigen Bestattung eines Lebenden in der Weise bewerben, daß sie unaufgefordert Hausbesuche vornehmen lassen?

UnlWG. § 1.

II. Zivilsenat. Urt. v. 28. September 1939 i. S. D. (Bekl.) w. G. (Kl.). II 63/39.

I. Landgericht Berlin.
II. Kammergericht daselbst.

Beide Parteien betreiben Bestattungsunternehmen. Die Klägerin bewirbt sich um Bestattungsaufträge u. a. in der Weise, daß sie durch Vertreter unaufgefordert Hausbesuche ausführen läßt, wobei dem Umworbenen die Möglichkeit eröffnet wird, die Kosten seiner künftigen Bestattung durch Vorauszahlung oder durch Begünstigung der Klägerin aus einer Versicherung bereitzustellen. Der Beklagte hat der Klägerin gegenüber zum Ausdruck gebracht, daß er ihre Art der Bewerbung um künftige Bestattungsaufträge für unzulässig halte. Darauf hat die Klägerin gegen ihn Klage auf die Feststellung erhoben, daß sie berechtigt sei, für ihr Bestattungsunternehmen eine Vorauswerbung der Art zu betreiben, daß sie Dritten die Möglichkeit eröffne, ihre Bestattung durch Vorauszahlung oder durch Begünstigung aus einer Versicherung zu sichern, und Dritte durch die übliche Art der Werbung, insbesondere auch durch Vertreterbesuche, auf diese Möglichkeit der Sicherstellung ihrer Bestattung hinzuweisen. Der Beklagte hat mit der Widerklage unter anderem beantragt, der Klägerin zu verbieten, Personen unaufgefordert zu Zwecken der Werbung um den Auftrag für ihre künftige Bestattung aufzusuchen oder durch Vertreter oder Angestellte aufsuchen zu lassen. Er hat zur Begründung geltend gemacht, es sei zwar nichts dagegen einzuwenden, daß die Klägerin Vorausverträge abschließe. Auch sei nicht zu beanstanden, daß sie zu diesem Zwecke Personen besuchen lasse, die um einen Besuch gebeten hätten. Das unaufgeforderte Aufsuchen oder Aufsuchenlassen anderer zur Erlangung eines Auftrages auf die künftige Bestattung verstoße aber gegen die guten Sitten. Die Klägerin hat dem unter anderem entgegengehalten, der freien Werbung des Bestatters vor dem Eintritt des Todesfalles dürften keine Beschränkungen auferlegt werden, die für Bestattungs- und Sterbegeldversicherungen nicht beständen. Erst durch das Eindringen dieser Versicherungen in das Gebiet der Bestattung seien die Bestattungsunternehmer zur Vorauswerbung genötigt worden.

Das Landgericht hat dem Antrage der Klägerin entsprechend die Klage für erledigt erklärt und das in dem oben wiedergegebenen Widerklageantrage verlangte Verbot ausgesprochen, im übrigen die Widerklage abgewiesen. Die Klägerin hat Berufung eingelegt; der Beklagte hat sich der Berufung angeschlossen. Nach dem Tatbestande des Berufungsurteils haben die Parteien in der mündlichen Verhandlung den Streitgegenstand begrenzt. Der Prozeßbevollmächtigte der Klägerin hat vorgetragen, eine Werbung durch nicht verlangte Vertreterbesuche zum Zwecke des Abschlusses von Bestattungsverträgen geschehe nur, wenn entweder gleichzeitig eine Bearbeitung von Versicherungsanträgen vorgenommen werde, oder nach Abschluß von Versicherungen oder beim Einheben von Versicherungsbeiträgen. Der Prozeßbevollmächtigte des Beklagten hat darauf erklärt, daß er den Widerklageantrag auf die erwähnten Fälle beschränke. Das Berufungsgericht hat die Anschlußberufung zurückgewiesen und auf die Berufung der Klägerin die Widerklage im vollen Umfang abgewiesen.

Die auf den angegebenen Antrag der Widerklage beschränkte Revision des Beklagten führte zur Aufhebung und Zurückverweisung im Umfange des Revisionsantrages.

Gründe:

1. Es fragt sich zunächst, ob die Revision des Beklagten im vollen Umfange des Revisionsantrages zulässig ist. Diese Frage ist nach § 554a ZPO. von Amts wegen zu prüfen. Gegenstand des Streites ist im Revisionsverfahren nur noch der Antrag der Widerklage, mit dem der Beklagte und Widerkläger verlangt hatte, der Klägerin unter Strafandrohung zu verbieten, Personen unaufgefordert zu Zwecken der Werbung um den Auftrag für ihre künftige Bestattung aufzusuchen oder durch Vertreter oder Angestellte aufsuchen zu lassen. Das Landgericht hat diesem Antrag entsprochen. Das Berufungsgericht hat der Berufung der Klägerin stattgegeben und die Widerklage auch insoweit abgewiesen. Die Revision beantragt, das angefochtene Urteil aufzuheben, soweit die Berufung der Klägerin

Erfolg gehabt hat, und insoweit nach dem Antrage des Widerklägers im Berufungsverfahren zu erkennen, d. h. die Berufung der Klägerin gegen das Urteil des Landgerichts zurückzuweisen; denn diesen Antrag hatte der Beklagte und Widerkläger im zweiten Rechtsgange nach der Sitzungsniederschrift gestellt. Damit steht aber der Tatbestand des angefochtenen Urteils nicht in Einklang. Danach sollen die Parteien den Streitgegenstand im Berufungsverfahren eingeengt haben. Das Berufungsurteil sagt: „Die Parteien haben den Streitgegenstand jedoch in der mündlichen Verhandlung begrenzt. Auf die Erklärung des Prozeßbevollmächtigten der Klägerin, daß durch das unaufgeforderte Aufsuchen von Vertretern zwecks Abschlusses eines Bestattungsvertrages nur geworben werde, wenn entweder gleichzeitig eine Bearbeitung von Versicherungsanträgen vorgenommen werde, oder nach Abschluß von Versicherungen oder beim Einziehen von Versicherungsbeiträgen, hat der Prozeßbevollmächtigte des Beklagten erklärt, daß er seinen Widerklageantrag auf die erwähnten Fälle beschränke". In den Entscheidungsgründen wird dazu ausgeführt, der Beklagte und Widerkläger habe ursprünglich ein allgemeines Verbot der Bewerbung um Aufträge für die künftige Bestattung in Hausbesuchen verlangt. Er habe aber im letzten Verhandlungstermin nicht darzulegen vermocht, daß die Widerbeklagte ihre Werbung in einer Weise betreibe, die diese im weitesten Umfange gestellten Widerklageanträge rechtfertige; der Widerkläger habe nicht dargetan, daß die Werbung der Klägerin um Aufträge für die künftige Bestattung auch in anderer als der angegebenen Weise durch Vertreter betrieben werde. Das Berufungsurteil sagt dann wörtlich: „Würde es sich um den ursprünglich gestellten Antrag handeln, nämlich darum, ob die Klägerin ganz allgemein unaufgefordert Personen zum Zwecke der Werbung für die künftige Bestattung durch Vertreter aufsuchen lassen dürfte, so könnte ernstlich in Frage kommen, ob ein solches Verhalten nicht gegen § 1 UnlWG. verstößt ..." Ganz anders sei aber der Fall zu beurteilen, wenn die Umworbenen Lebens- oder Todesfallversicherungen eingegangen wären. Für diesen Fall kommt das Berufungsgericht in seinen weiteren Erwägungen zu dem Ergebnis, das Verfahren der Klägerin sei nicht zu beanstanden. Danach wollte das Berufungsgericht offenbar nur einen engeren als den nach der Sitzungsniederschrift gestellten Widerklageantrag abweisen. Es bleibt aber ungewiß, wie dieser Antrag, dessen Festlegung es nicht veranlaßt hat, gelautet hätte. Die sich nur aus dem Tatbestand und den Urteilsgründen ergebende, in den nach der Sitzungsniederschrift gestellten Anträgen nicht zum Ausdruck gekommene Einschränkung ist nicht zu berücksichtigen. Bei einem Widerspruche zwischen Sitzungsniederschrift und Tatbestand ist der Inhalt der Sitzungsniederschrift maßgebend (§ 314 ZPO.; vgl. WarnRspr. 1908 Nr. 413). Da der Widerklageantrag nach der Sitzungsniederschrift nicht geändert und vom Berufungsgericht ohne Einschränkung abgewiesen worden ist, würde die Rechtskraft des angefochtenen Urteils sich auf den Widerklageantrag, so wie er gestellt war, erstrecken. Der Beklagte müßte unter Umständen die Einrede der Rechtskraft gewärtigen, wenn er — wie die Revision andeutet — nunmehr erfahren hat, daß die Klägerin die beanstandete Werbung nicht nur in Verbindung mit der Erledigung von Versicherungsgeschäften betreibt, und er deshalb eine neue Unterlassungsklage erheben wollte. Das über die neue Klage entscheidende Gericht könnte auch durch Heranziehung der Gründe des angefochtenen Urteils keine Klarheit darüber gewinnen, wie der Klageantrag gelautet hätte, den das Berufungsgericht aus rechtlichen Gründen, nämlich weil der Tatbestand des § 1 UnlWG. nicht erfüllt sei, abweisen wollte. Denn die Einschränkungen, von denen im Berufungsurteil die Rede ist, können dem Widerklageantrage schon ihrer Fassung nach nicht ohne weiteres eingefügt werden. Dieser Antrag stellt auf den nicht erbetenen („unaufgeforderten") Werbebesuch ab. Findet aber mit der Werbung „gleichzeitig eine Bearbeitung von Versicherungsanträgen" statt, so würde jedenfalls dann nicht mehr von einem „unaufgeforderten" Aufsuchen des Umworbenen die Rede sein können, wenn die Bearbeitung seines vorher gestellten Antrags auf Versicherungsschutz schon den Besuch notwendig machte und der Besuch des Vertreters deshalb von dem Umworbenen erwartet werden mußte.

Gegen die Zulässigkeit der Revision bestehen hiernach keine Bedenken. Die Unklarheit der angefochtenen Entscheidung nötigt aber auch zu ihrer Aufhebung. Denn sie läßt ungewiß, wo der Vorderrichter die Grenze gezogen wissen will zwischen der Werbung für Bestattungsaufträge, die er für zulässig hält, und den vom Antrage der Widerklage nach seinem Wortlaute mitumfaßten weiteren Fällen solcher Werbung, zu denen das Berufungsgericht nicht abschließend

Stellung genommen hat mit dem Bemerken, es könne ernstlich in Frage kommen, ob ein solches Verhalten nicht gegen § 1 UnlWG. verstoße, darauf erstrecke sich aber der eingeengte Widerklageantrag nicht mehr.

2. Sachlich handelt es sich darum, ob die Bewerbung der Klägerin um die Bestattungsaufträge Lebender durch Hausbesuche allgemein oder doch unter der im Berufungsverfahren angegebenen Einschränkung mit den Grundsätzen lauteren Wettbewerbs in Einklang steht. Ob das der Fall ist oder ob die Werbemaßnahme gegen die guten Sitten verstößt und deshalb § 1 UnlWG. verletzt, hängt davon ab, ob sie vom gesunden Volksempfinden gebilligt oder doch hingenommen oder ob sie mißbilligt und deshalb abgelehnt wird. Maßgebend ist das Urteil der beteiligten Verkehrskreise, in erster Reihe also der von der beanstandeten Werbeweise der Klägerin Betroffenen. Dieser Personenkreis ist die Allgemeinheit; die Klägerin hat selbst nicht behauptet, daß sie sich in ihrer Werbung für den Bestattungsauftrag nur an bestimmte Personengruppen wende. Es kommt nicht darauf an, ob etwa im Einzelfall die Werbung unangenehm empfunden und deshalb mißbilligt wird. Das kann von Zufälligkeiten abhängen. Entscheidend ist, ob die Werbemaßnahme nach ihrer Wirkung auf den gesunden Durchschnittsmenschen allgemein für angängig gehalten oder ob sie als Mißbrauch des Rechts jedes Gewerbetreibenden betrachtet wird, seine Ware oder Leistung in Erinnerung zu bringen und sich um Aufträge zu bemühen.

Der Hausbesuch ist eine besonders eindringliche Werbeweise. Der Umworbene muß sich notwendig mit der Werbung befassen und dazu Stellung nehmen. Wenn auch die dabei aufgewendete Mühe und Zeit im Falle der sofortigen Ablehnung nicht erheblich sein mögen, so bringt doch jeder Hausbesuch eine gewisse Störung mit sich. Gleichwohl nimmt die Allgemeinheit die darin nicht selten liegende Belästigung hin, weil nun einmal in gewissen Gewerbezweigen Hausbesuche ohne vorherige Aufforderung seit langem üblich sind und — im ganzen betrachtet — auch den Umworbenen Vorteile bieten oder doch bieten können. Die Allgemeinheit wünscht aber keinesfalls eine Vermehrung unerbetener Hausbesuche. Sie lehnt die eindringliche Werbeweise des Hausbesuchs besonders dann als nicht mehr zumutbar ab, wenn nach dem Gegenstande der Werbung oder nach den besonderen Umständen, unter denen der Besuch stattfindet, der Umworbene dadurch mehr als sonst belästigt oder sogar in seinem Empfinden verletzt wird. Die überwiegende Zahl der Volksgenossen hält es für unangebracht, den Lebenden mit der Bewerbung um den Auftrag zu seiner künftigen Bestattung in einem nicht bestellten Hausbesuche zu behelligen. Es braucht nicht an Fälle gedacht zu werden, in denen der Umworbene leidend ist und durch den Hinweis auf den Tod, der mit der Bewerbung um den Bestattungsauftrag notwendig verbunden ist, geradezu gesundheitlich geschädigt wird. Entgegen der Auffassung der Revision können auch Fälle außer Betracht bleiben, in denen angeblich Beauftragte der Klägerin durch Erregung von Mißtrauen gegen Angehörige, diese könnten oder würden voraussichtlich nicht für eine würdige Bestattung sorgen, oder geradezu durch bewußte Täuschung der Umworbenen Aufträge auf die künftige Bestattung zu erlangen versucht haben. Denn die Widerklage richtet sich nach der Fassung des Antrags nicht gegen ein solches zu mißbilligendes Verfahren bei der Werbung; sie verlangt das Verbot der Werbung durch Hausbesuche schlechthin — wenn von der erwähnten Begrenzung des Streitstoffs im Berufungsverfahren abgesehen wird. Den deutschen Volksgenossen in ihrer weit überwiegenden Zahl ist es kein Gegenstand der Sorge, wie nach ihrem Ableben ihre Bestattung oder Verbrennung geregelt wird und welches Bestattungsunternehmen sie besorgt. Auch wenn ihn der Gedanke an seinen unvermeidlichen Tod nicht schreckt, ist es dem Lebenden mindestens unerwünscht, sich mit der Regelung der Einzelheiten seiner Bestattung, der Auswahl des Sarges und des sonstigen Zubehörs der Bestattung, zu befassen, einer Mühe, die er für überflüssig hält. Es mag Leute besonderer Veranlagung geben, die in dem Bestreben, alle ihre Angelegenheiten bis aufs letzte zu regeln, sogar ihre Bestattung selbst bestellen wollen, vielleicht auch in der Absicht, denen, die nach ihrem Ableben dafür zu sorgen hätten, eine unangenehme Arbeit zu ersparen. Sie werden aber zu den Ausnahmen gehören und spielen deshalb keine Rolle, wenn es auf die Auffassung der Allgemeinheit ankommt. Solche Personen bedürften in aller Regel auch keines Hinweises auf die Möglichkeit, außer z. B. ihrer Begräbnisstelle auch die Tätigkeit eines bestimmten Bestattungsunternehmens durch Vertrag sicherzustellen. Erforderlichenfalls wäre der Hinweis auf diese Möglichkeit ausführbar, ohne daß andere belästigt werden. Dem, der seine Beisetzung im Wege der Feuerbestattung sichern will, bleibt allerdings nicht erspart, das in geeigneter Weise zu offenbaren (vgl. § 2 des Gesetzes über die Feuerbestattung vom 15. Mai 1934, RGBl. I S. 380). Aber dabei bedarf es, wie allgemein bekannt ist, keiner Mitwirkung eines Bestattungsunternehmers.

Will der Durchschnittsmensch mit dem Gedanken an seinen Tod nicht befaßt sein und werden durch den von anderer Seite an ihn herangetragenen Gedanken Unlustgefühle in ihm erweckt, so kann daran auch in der Werbung nicht vorübergegangen werden. Ein Bestattungsunternehmer kann um so weniger um den künftigen Bestattungsauftrag mit dem eindringlichen Mittel des Hausbesuches werben, wenn der deutsche Volksgenosse in der Regel die Vorausbestellung seiner künftigen Bestattung für unnötig, vielleicht auch deshalb nicht einmal für zweckmäßig hält, weil niemand die Gewähr dafür hat, daß er an dem Orte sterben werde, an dem er für seine Bestattung Vorsorge getroffen hat. Denn in dem Umworbenen wird das durch den Gegenstand der Werbung und die Erinnerung an den Tod hervorgerufene Mißbehagen noch durch das Empfinden verstärkt werden, seine Belange würden von dem Werbenden mißachtet; diesem komme es nur auf den eigenen geschäftlichen Vorteil an, gleichgültig ob er ihn unter Verletzung der natürlichen Gefühle anderer erreiche. Wer sich auf einem Geschäftsgebiete betätigt, das die natürlichen oder sittlichen Empfindungen anderer berührt, muß dem in seiner Werbung Rechnung tragen. Dieser Gedanke ist auch in dem die Werbung im Bestattungsgewerbe betreffenden Urteil des Senats in RGZ. Bd. 145 S. 402 zum Ausdruck gekommen, auf das sich beide Parteien berufen haben. Dort ist der nicht erbetene Werbebesuch des Bestattungsunternehmers im Trauerhaus als Verstoß gegen § 1 UnlWG. gekennzeichnet worden. Aus der Entscheidung läßt sich aber nicht mit der Klägerin folgern, daß die Vorauswerbung um den Bestattungsauftrag des Lebenden durch unaufgeforderten Werbebesuch zulässig sei. Auch diese Art der Werbung des Bestattungsunternehmers verstößt vielmehr gerade nach den dort dargelegten Rechtsgrundsätzen gegen die genannte Gesetzesbestimmung, weil der Bestattungsunternehmer dabei ebenfalls die gebotene Rücksicht auf den Umworbenen aus eigennützigen Beweggründen vermissen läßt.

3. Das Berufungsgericht, das die Werbung für den künftigen Bestattungsauftrag im allgemeinen selbst für bedenklich hält, ist der Auffassung, ganz anders sei die Werbung bei Personen zu

beurteilen, die durch Lebens- und Todesfall-Versicherungen Vorsorge für ihren Tod getroffen und damit zum Ausdruck gebracht hätten, daß der Gedanke an den Tod für sie nichts Fernliegendes sei. Sie empfänden oft anders. Sie hätten sich schon mit ihrem Ableben vertraut gemacht. In solchen Fällen könne deshalb die Frage der sie wegen einer Lebens- oder Sterbegeldversicherung aufsuchenden Vertreter, ob nicht auch Neigung bestehe, für die Bestattung selbst Vorsorge zu treffen, nicht verletzend wirken. Wer bereits durch Versicherung für seinen Todesfall Vorsorge getroffen habe, werde sich auch dann durch eine solche Werbung nicht verletzt fühlen, wenn sie nach Abschluß einer Lebensversicherung oder einer solchen für den Todesfall oder bei Gelegenheit der Beitragszahlung vorgenommen werde.

Dagegen erhebt die Revision berechtigte Bedenken. Die Versicherung auf den Todesfall und der Vertrag über die künftige Bestattung haben gemeinsam, daß die Leistung des einen Vertragsteils nach dem Tode des anderen bewirkt werden soll. Ihr Zweck ist aber verschieden. Der Versicherungsnehmer will mit der Versicherungssumme, die erst nach seinem Tode gezahlt werden soll, andere begünstigen, die ihm nahestehen. Im Abschluß des Versicherungsvertrages kommt die Sorge für ihr Fortkommen nach dem Tode des Versicherungsnehmers zum Ausdruck, der ihnen durch die Sterbegeldversicherung wenigstens die Mittel zur Bestreitung der durch seinen Tod verursachten Ausgaben, besonders zur Bestreitung der Beisetzungskosten, verschaffen will. Im Vordergrunde steht also hier die Sorge für andere. Der Abschluß eines Vertrages mit einem Bestattungsunternehmer über die eigene künftige Bestattung bezweckt die Sicherung einer Beisetzung, die den Wünschen des den Vertrag Abschließenden entspricht. Für diesen Abschluß sind also in erster Reihe die eigenen Belange des sich Verpflichtenden maßgebend oder allein bestimmend, wenn von den oben erwähnten Ausnahmefällen abgesehen wird, in denen das Bestreben mitspricht, den Hinterbliebenen eine unangenehme Arbeit zu ersparen. Schon diese Verschiedenheit des Zweckes verbietet die Annahme, der Versicherungsnehmer werde ohne weiteres auch geneigt sein, einen Bestattungsvertrag abzuschließen, jedenfalls aber die eindringliche Bewerbung des Bestattungsunternehmers um den Auftrag nicht unangenehm empfinden. Dem Berufungsgericht ist aber vor allem nicht in der Auffassung zu folgen, Leute, die eine Todesfallversicherung abschließen, hätten sich mit ihrem Ableben vertraut gemacht, sie dächten und fühlten anders als andere deutsche Volksgenossen, ihnen könne deshalb auch in einem nicht erbetenen Hausbesuch der Abschluß eines Bestattungsvertrages angetragen werden, ohne daß sie sich dadurch verletzt fühlten. Die Sterbefallversicherung wird von sehr vielen deutschen Volksgenossen abgeschlossen und wird allgemein als eine vernünftige Vorsorge für die Angehörigen des Versicherungsnehmers betrachtet. Der Versicherungsnehmer wird freilich beim Abschluß des Vertrages erwägen, daß er wider Erwarten früh versterben könne; er wird mittelbar vielleicht auch bei jeder Beitragszahlung an seinen Tod erinnert werden, wenn es auch nicht gerade wahrscheinlich ist. Daraus darf aber nicht gefolgert werden, er habe sich schon mit seinem Ableben vertraut gemacht, er fühle anders als Volksgenossen, die Lebens- oder Todesfallversicherungen nicht abschlössen oder abgeschlossen hätten, und er teile nicht mehr deren Wunsch, in gesunden Tagen nicht noch von anderer Seite auf den Tod hingewiesen zu werden und von der Werbung um Bestattungsaufträge unbehelligt zu bleiben. Eher ließe sich sagen, gerade das Bewußtsein des Versicherten, auch die Möglichkeit seines frühen Ablebens in Betracht gezogen und ihr durch den Abschluß der Versicherung nach Möglichkeit Rechnung getragen zu haben, berechtige den Versicherungsnehmer zu dem Verlangen, nunmehr von Bewerbungen um weitere Abschlüsse in derselben Richtung verschont zu bleiben. Jedenfalls ist nicht ersichtlich und vom Berufungsgericht auch nicht näher dargelegt, weshalb ein Volksgenosse, der aus eigenem Entschlusse durch eine Todesfallversicherung seiner besonderen Rücksicht auf andere Ausdruck gegeben hat, die eindringliche Bewerbung eines Bestattungsunternehmers um den Auftrag auf die künftige Bestattung weniger unangenehm empfinden sollte als andere. Wollte man mit dem Berufungsgericht unter Hervorhebung der rechtsgeschäftlichen Seite schließen, wer einmal sein künftiges Ableben zum Ausgangspunkt einer vertraglichen Regelung in einer Versicherung mache oder gemacht habe, von dem könne eine solche Bereitschaft auch für einen zweiten auf den Todesfall abgestellten Vertrag angenommen werden, so bliebe doch zu berücksichtigen, daß der einzelne Bestattungsunternehmer in der gebotenen Sicherheit für den Vertragsgegner nicht ohne weiteres mit dem staatlich beaufsichtigten Versicherungsträger auf eine Stufe gestellt werden kann und daß in einem

Bestattungsvertrage nach dem von der Klägerin überreichten Vordrucke der Preis des Bestattungstages maßgebend sein soll, so daß also der Bestattungsunternehmer einen Preisvorteil für die Vorausbestellung der Bestattung offensichtlich nicht gewährt. Dann läge aber der geschäftliche Vorteil geradezu allein oder doch weit überwiegend bei der Klägerin, die durch den Abschluß ihre Mitbewerber ausschaltet. Es kann unerörtert bleiben, ob nicht diese wirtschaftliche Verschiedenheit des Bestattungsvertrages vom Versicherungsvertrage, bei dem die Versicherungssumme unter Umständen bereits nach Entrichtung nur weniger Beitragsleistungen fällig wird, allein schon Bedenken dagegen wachrufen könnte, wenn der Bestattungsunternehmer sich eng an eine Versicherung in der Weise anlehnt, daß er die Versicherungsvertreter mit der Werbung um Bestattungsaufträge von Lebenden beauftragt. Jedenfalls berechtigt aber auch eine rein wirtschaftliche Betrachtung nicht zu dem Schlusse, den das Berufungsgericht zu Gunsten der Klägerin gezogen hat.

Nach allem kann das angefochtene Urteil nicht aufrechterhalten werden. Die Sache, die schon nach dem unter 1 Ausgeführten weiterer Klärung bedarf, ist deshalb an das Berufungsgericht zurückzuverweisen. Dazu sei nur noch bemerkt, daß sich die Klägerin auf den Gesichtspunkt der Abwehr nicht berufen könnte. Es mag sein, daß den Bestattungsunternehmern in den Begräbnisvereinen und Sterbekassen, soweit sie auch Sachleistungen gewähren oder selbst die Bestattung übernehmen, erfolgreiche Mitbewerber entstanden sind. Soweit sie nicht Versicherungsbetriebe sind, handelt es sich um Unternehmen auf gemeinnütziger Grundlage Dadurch unterscheiden sie sich wesentlich von der Klägerin. Ob sie in derselben Weise wie die Klägerin werben und ob diese Werbung bisher unbeanstandet geblieben ist, hat für den vorliegenden Rechtsstreit keine Bedeutung. Wenn die Klägerin aus dem Verhalten anderer und der Tatsache, daß sich niemand dagegen gewendet hat, zu dem Schlusse berechtigt gewesen wäre, auch die von ihr betriebene Werbung um den Bestattungsauftrag lebender Personen sei unbedenklich, so könnte das allerdings für die Frage des Verschuldens wesentlich sein. Die Verurteilung der Klägerin auf den Unterlassungsanspruch der Widerklage könnte es aber nicht verhindern, wenn die beanstandete Werbung gegen § 1 UnlWG. verstößt; denn insoweit kommt es auf ein Verschulden des Werbenden nicht an.

56. Kann der nach § 25 WZG. geschützten Ausstattung ein Vorbenutzungsrecht entgegengehalten werden?

II. Zivilsenat. Urt. v. 4. Oktober 1939 i. S. Li. GmbH. (Bekl.) w. Lo. AG. (Kl.). II 50/39.

I. Landgericht Berlin.
II. Kammergericht daselbst.

Die Frage ist im Rechtsstreite der Parteien über die Verletzung des Ausstattungsschutzes der Klägerin für eine Lavendelwasserflasche, gekennzeichnet durch die Zusammenstellung einer grünen Flachflasche mit goldfarbener Aufschrift und goldfarbener Verschlußkappe, verneint worden aus folgenden

Gründen:

Die Revision wendet sich ohne Erfolg gegen die Zurückweisung des Einwandes der Beklagten, sie habe die nunmehr beanstandete Ausstattung schon länger gebraucht, als die Klägerin sie verwendet, nämlich seit dem Jahre 1926. Die Revision führt dazu aus, richtig sei, daß das Reichsgericht in der vom Berufungsgericht angeführten Entscheidung vom 2. März 1937 II 226/36 (MuW. 1937 S. 285) gegenüber dem eingetragenen Warenzeichen kein Vorbenutzungsrecht anerkannt habe. Es sei aber rechtsirrig, auch der geschützten Ausstattung gegenüber die Berufung auf eine frühere Benutzung nicht zuzulassen. Das Berufungsgericht setze sich mit dieser Auffassung in Widerspruch zur Rechtsprechung des erkennenden Senats, wonach der Ausstattungsberechtigte die Fortbenutzung der Ausstattung durch einen anderen, der sich ihrer schon vor dem Eintritt der Verkehrsgeltung bedient habe, nicht verwehren könne. Dabei könne nicht entscheidend sein, ob der andere seinerseits Verkehrsgeltung erlangt habe. Hier komme es deshalb nur darauf an, ob die Klägerin den Ausstattungsschutz bereits im Zeitpunkte der ersten Benutzung der beanstandeten Flaschenausstattung durch die Beklagte erworben habe. Das habe das Berufungsurteil nicht festgestellt.

Dieser Angriff schlägt nicht durch. Die in § 25 WZG. (§ 15 WZG. a. F.) geschützte Ausstattung kann, von dem Fall einer örtlich begrenzten Verkehrsgeltung abgesehen, nur einem Betriebe zustehen, nämlich dem, als dessen Kennzeichen für die vertriebenen Waren sie innerhalb der beteiligten Verkehrskreise anerkannt ist. Duldet der Inhaber des Ausstattungsschutzes den Gebrauch durch einen Mitbewerber, so wird dadurch die Kennzeichnungskraft der Ausstattung notwendig gefährdet und schließlich vernichtet. Gerade darin unterscheiden sich Warenzeichen und Ausstattung. Während es denkbar ist, daß im Sinne des § 31 WZG. gleiche Warenzeichen für zwei Mitbewerber auf dem gleichen Warengebiete nebeneinander bestehen, dann nämlich, wenn der Inhaber des älteren Zeichens auf die Mitteilung des Reichspatentamts (§ 5 WZG.) keinen Widerspruch erhoben hat und deshalb nun das zweite Zeichen auch eingetragen wird, ist es, von dem hier auszuscheidenden Fall örtlich begrenzter Verkehrsgeltung abgesehen, nicht möglich, daß die gleiche (oder nach § 31 WZG. als gleich anzusehende) Ausstattung für zwei Geschäftsbetriebe desselben Wirtschaftsgebietes besteht. Benutzen zwei Geschäftsbetriebe tatsächlich die gleiche Ausstattung und setzt sie sich innerhalb der beteiligten Verkehrskreise als Hinweis auf die Herkunft der so bezeichneten Ware aus einem der beiden Betriebe durch, so steht es nicht im Belieben dessen, der auf diese Weise den Ausstattungsschutz des § 25 WZG. erlangt hat, die Fortbenutzung der Ausstattung durch den Mitbewerber zu dulden. Er ist vielmehr, wenn er sich den erlangten Ausstattungsschutz erhalten will, gezwungen, von dem anderen die Unterlassung der weiteren Benutzung zu verlangen und erforderlichenfalls im Wege der Klage zu erzwingen. Der andere kann sich nicht auf ein Vorbenutzungsrecht berufen. Der im lauteren Wettbewerb Unterlegene ist verpflichtet, die Ausstattung nicht mehr zu gebrauchen, die zum Kennzeichen der Herkunft der Ware aus dem Geschäftsbetriebe des Mitbewerbers geworden ist. Das ist die gesetzliche Folge der tatsächlichen Entwicklung aus § 25 WZG. Der andere kann sich der Unterlassungsklage des Schutzberechtigten gegenüber nicht darauf berufen, der Kläger handele wettbewerbswidrig. Davon kann jedenfalls dann keine Rede sein, wenn beide Wettbewerber den Gebrauch der Ausstattung gleichzeitig begonnen haben oder der Kläger sie vorher schon benutzt hat. Ein wettbewerbswidriges Verhalten desjenigen, der für die Ausstattung Verkehrsgeltung erlangt hat, käme nur in Frage, wenn er etwa die Ausstattung, deren sich der Mitbewerber schon vor ihm bediente, in einer mit den Grundsätzen lauteren Wettbewerbs nicht zu vereinbarenden Weise übernommen hätte. Das Unzulässige eines solchen Verhaltens könnte aber nicht in der Benutzung an sich, sondern nur in den besonderen Umständen der Übernahme gefunden werden. Solche Umstände hat die Beklagte nicht bewiesen, ja, nicht einmal schlüssig behauptet. Denn einerseits ist sie dem Schutzanspruche der Klägerin mit der Behauptung entgegengetreten, Lavendelwasserflaschen in der Ausstattung, welche die Klägerin für sich beanspruche, seien seit langem allgemein üblich, ihre grüne Farbe sogar zweckbedingt. Wäre das zutreffend, dann wäre auch die Klägerin nicht gehindert gewesen, ihre Flaschen so zu gestalten. Sie wäre dann aber auch nicht gehindert, ihre Schutzrechte geltendzumachen, wenn trotz dieser — der Erlangung eines Ausstattungsschutzes allerdings zunächst ungünstigen — Verhältnisse infolge ihrer eigenen Rührigkeit und des Versagens der Mitbewerber die Sachlage sich schließlich dahin geändert hätte, daß im Verkehre die Ausstattung als Hinweis auf den Geschäftsbetrieb der Klägerin allein anerkannt worden ist. Andererseits hat die Beklagte behauptet, sie habe für ihre später von der Klägerin übernommene Aufmachung selbst Verkehrsgeltung erlangt. Den Beweis dieser von der Klägerin bestrittenen Behauptung hat sie aber nicht erbracht. Das Berufungsurteil stellt fest, die Beklagte habe für ihre Ausstattung keine Verkehrsgeltung erlangt. Das Berufungsgericht brauchte sich deshalb mit den weiteren Folgerungen der Beklagten aus diesem Vortrage nicht zu befassen. Danach sind die Bedenken der Revision gegen die Rechtsauffassung des Berufungsgerichts unbegründet; es kann insbesondere keine Rede davon sein, daß sich die Verkehrsgeltung der Ausstattung für die Klägerin nur dann der Beklagten gegenüber habe durchsetzen können, wenn sie schon vor der ersten Benutzung durch diese bestanden hätte. Das Berufungsgericht hat, jedenfalls im Ergebnis, die Berufung der Beklagten auf ein ihr zustehendes Vorbenutzungsrecht mit Recht zurückgewiesen.

---

57. 1. Über das Nebeneinanderbestehen eines für Fremdenbeherbergung eingerichteten Hauses in schöner Gebirgsgegend und eines schon vor dessen Erbauung vorhandenen Steinbruchs.

2. Über die Aufgabe des Richters, die Betriebsweise im Bruch in einer beiden Teilen gerecht werdenden Weise zu regeln.

BGB. §§ 906, 1004.

V. Zivilsenat. Urt. v. 4. Januar 1940 i. S. S. (Kl.) w. H. AG. u. a. (Bekl.). V 103/39.

I. Landgericht Traunstein.
II. Oberlandesgericht München.

Die Klägerin ist Eigentümerin eines im Ortsteil St., etwa 10 Minuten oberhalb des Mittelpunktes des Marktes B. am Südhange des K. gelegenen bebauten Grundstücks, des Hauses L., das sie im Jahre 1935 für 35000 RM. gekauft hat. Sie betreibt dort Fremdenbeherbergung. Unterhalb ihres Hauses liegt ein der Zweitbeklagten gehöriger Steinbruch. Dieser wird seit mehr als 100 Jahren ausgebeutet, bis Juli 1937 nur in geringem Maße, von da ab jedoch erheblich stärker, nachdem die Erstbeklagte einen Vertrag über Steinlieferungen mit der Eigentümerin geschlossen hatte. Die Klägerin beschwert sich darüber, daß seit Juli 1937 unerträgliche Einwirkungen an Lärm, Erschütterungen, Staub und Dämpfen aus dem Steinbruchsbetrieb auf ihr Haus stattfänden, die einen ruhigen Aufenthalt darin unmöglich machten. Sie habe dadurch erheblichen Schaden in ihrem Gewerbebetrieb, an ihrer Gesundheit und der Standfestigkeit des Hauses erlitten. Seit 1937 werde dort mit neuzeitlichen Maschinen und 100 bis 150 Leuten gearbeitet, wo früher nur eine kleine Steinquetschmaschine gestanden habe und nur wenige Arbeiter beschäftigt gewesen seien. Auf Grund des Gesetzes (§§ 823, 906, 1004 BGB.) erhebt sie Schadensersatz- und Unterlassungsansprüche gegen die Erstbeklagte, weil diese den Bruch seit Juli 1937 in einer die Nachbarn unzulässig beeinträchtigenden Weise betreibe, gegen die Zweitbeklagte, weil sie Eigentümerin des Bruches und an seiner Ausbeutung beteiligt sei. Gegen diese stützt sie ihr Begehren auch auf einen Vertrag.

Der Sachverhalt ist im einzelnen folgender: Das Haus wurde im Jahre 1905 vom Kunstmaler Sch. erbaut, der das Grundstück vom Steinbruchsbesitzer Kaspar St. gekauft hatte. Dabei räumte der Verkäufer zu Gunsten des jeweiligen Eigentümers des verkauften Grundstücks ein Wegerecht durch den Bruch hindurch und ein Wasserleitungsrecht ein. Entsprechende Grunddienstbarkeiten wurden eingetragen. Ferner wurde folgendes vereinbart:

„Verkäufer verzichtet auf das Recht, auf der Restfläche ..., soweit dieselbe oberhalb der bestehenden zwei Steinbrüche gelegen ist, Gebäulichkeiten zu errichten, desgleichen die auf diesem Grundstücke derzeit befindlichen Bäume zu fällen.

Diese vorbezeichneten Rechte, beziehungsweise Verzichte haben Wirksamkeit für und gegen alle Nachfolger im Besitze des herrschenden und der dienenden Grundstücke. ... Des weiteren hat Herr St. das Recht, den Steinbruchbetrieb in den beiden Steinbrüchen nach wie vor ungehindert weiterzuführen, derselbe hat jedoch allen Schaden, der durch diesen Betrieb dem Herrn Käufer für das Vertragsobjekt entstehen sollte, zu ersetzen."

Im Bruche sind ein westlicher und ein östlicher Teil unterscheidbar. Jener, unmittelbar unter dem Hause L. gelegen, enthält rötlichen Marmor, dieser, mehr seitwärts gelegen, hat weißen Kalkstein. Im Jahre 1905 lag zwischen dem Hause und dem Bruch südlich des auch jetzt noch vorhandenen Fahrwegs ein dem St. gehöriger Wiesenstreifen von etwa 20 m Breite, der gegen den Bruch hin durch eine Reihe von Bäumen abgegrenzt war. Der Wiesenstreifen wurde inzwischen weiter abgebrochen; der Rest ist mit Abraumschutt bedeckt; zwei der Bäume wurden in den letzten Jahren gefällt. Das Eigentum am Hause L. ging von Sch. an die Eheleute H., von diesen an Frau A. über. 1931 erwarb es die Sparkasse B. in der Zwangsversteigerung; sie verkaufte es an den Kaufmann B.; von diesem kaufte es die Klägerin. Den Bauernhof St., zu dem der Steinbruch gehört, erwarben Anton und Franz St. bei der Erbauseinandersetzung mit anderen Miterben nach ihrem 1911 verstorbenen Vater Kaspar St. Später verkaufte Franz seinen Anteil an seinen Bruder Anton. Von diesem erbte den Hof seine Ehefrau, die Zweitbeklagte. Der Hof mit dem Steinbruch ist jetzt Erbhof.

Die Klägerin begehrt von beiden Beklagten neben der Zahlung von 1224 RM. als Schadensersatz für Ausfall in ihrem Beherbergungsbetriebe während des Sommers 1937 gewisse Einschränkungen des Maschinenbetriebes und der Sprengungen in dem Steinbruch, ein Schmerzensgeld und die Feststellung ihrer Pflicht zum Ersatze des weiteren, etwa noch entstehenden Schadens.

Das Landgericht hat die Klage abgewiesen. Während des zweiten Rechtsganges, am 8. November 1938, hat die Erstbeklagte ihre Tätigkeit am Steinbruch eingestellt. Der Unterlassungsanspruch gegen diese Beklagte hat sich dadurch erledigt. Das Berufungsgericht hat die Abweisung des Anspruchs gegen die Zweitbeklagte auf Beschränkungen im Steinbruchbetriebe bestätigt. Dagegen hat es die beiden Beklagten als Gesamtschuldner zur Zahlung von 1224 RM. nebst Zinsen verurteilt und auch die begehrte Feststellung wegen des weiteren Schadens mit einer unwesentlichen Einschränkung getroffen.

Die Revisionen beider Parteien führten zur Aufhebung und Zurückverweisung.

Gründe:

1. Das Berufungsgericht stellt fest, daß in der Zeit, während deren die Erstbeklagte Steine aus dem Bruche der Zweitbeklagten entnahm, vom Juli 1937 bis zum 8. November 1938, wesentliche Beeinträchtigungen der Benutzung des Hauses L. durch Zuführung von Gasen, Gerüchen und Geräuschen aus dem Steinbruchbetrieb, insbesondere durch die Bohrmaschinen und Sprengungen, stattgefunden haben. Ob das Gefüge des Hauses beeinträchtigt wurde, bleibt unentschieden. Verneint wird, daß die Klägerin eine Abwehr dieser Einwirkungen stützen könne auf den im Jahre 1905 zwischen dem Erwerber des Bauplatzes für das Haus L., dem Maler Sch., und dem Verkäufer Kaspar St., dem Eigentümer des Steinbruchs, geschlossenen Kaufvertrag, insbesondere auf das darin enthaltene Verbot, die oberhalb des Bruchs stehenden Bäume zu fällen. Dabei habe es sich um eine schuldrechtliche Bindung des Verkäufers gehandelt, aus der keine Verpflichtung auf die jetzige Beklagte übergegangen sei, da sie nicht Erbin und Gesamtrechtsnachfolgerin des Kaspar St. sei. Offengelassen wird im Berufungsurteil, ob der Verzicht auf das Fällen der Bäume die Ausbeutung des Steinbruchs hindere und ob die Klägerin nach der inzwischen durchgeführten Zwangsversteigerung des Hauses L. Rechte daraus herleiten könnte. Verneint wird andererseits, daß durch den Vertrag die Klägerin an einer Abwehr gegen die ihr schädlichen Einwirkungen gehindert sei.

Sodann prüft das Berufungsgericht, ob sich die Klägerin die lästigen Einwirkungen nach § 906 BGB. gefallen lassen müsse, weil der Steinbruchsbetrieb als ortsüblich anzusehen sei. Dazu wird festgestellt: Der Ortsteil St., in dem der Steinbruch und das Haus L. liegen, stelle ein reines Landhaussiedlungsgelände dar und hebe sich dadurch scharf ab vom eigentlichen Orte B. mit seinem äußerst lebhaften und unruhigen Verkehr. In dieser Umgebung wirke der Steinbruch als Fremdkörper; man könne nicht sagen, daß dort die

Benutzung eines Grundstücks als Steinbruch gewöhnlich sei. Auf jeden Fall müßte sich eine Ortsüblichkeit auf den bis zum Juli 1937 gegebenen Zustand beschränken. Trotzdem versagt das Berufungsgericht der Klägerin die von ihr auf Grund des § 1004 BGB. erstrebte Abwehr mit Rücksicht darauf, daß der Steinbruch eher da gewesen sei als das Haus L. Es führt aus: Die aus §§ 906flg. BGB. folgende Verpflichtung, auf das beeinträchtigte Grundstück Rücksicht zu nehmen, könne nicht dazu führen, dem Nachbarn die Benutzung seines Grundstücks unmöglich zu machen, nachdem es auf eine bestimmte Ausnutzung zu einer Zeit eingerichtet worden sei, wo diese nicht störend auf die Nachbarschaft gewirkt habe. Man könne dem Eigentümer des Bruchs auch nicht zumuten, das Maß der Ausbeutung zu beschränken und womöglich im Handbetriebe nach Altväterweise zu arbeiten; dies namentlich nicht zu einer Zeit, wo eine Ausnutzung der vorhandenen Bodenschätze bis zu einem gewissen Grade auch den öffentlichen Belangen diene.

Zum Ausgleiche der sich widerstreitenden Belange der Nachbarn hält das Berufungsgericht die Klägerin für berechtigt, vollen Ersatz des ihr durch die übermäßigen Einwirkungen zugefügten Schadens zu fordern, ohne daß es auf § 823 BGB. und den Nachweis schuldhaften Handelns der Gegner ankomme. Ersatzpflichtig seien die beiden Beklagten; denn auch die Erstbeklagte sei am Betriebe wesentlich beteiligt gewesen, indem sie die Gerätschaften und Maschinen gestellt, die zu sprengenden Steine ausgewählt und sie im Bruche habe bearbeiten lassen. Als Schadensersatz werden 1224 RM. für Ausfall im Fremdenheimbetriebe des Jahres 1937 zugebilligt. Ein Anspruch auf Schmerzensgeld wird abgelehnt, da keine unerlaubte Handlung vorliege. Endlich wird die Berechtigung der Klägerin auf Ersatz des weiteren bis zum Berufungsurteil durch die Einwirkungen des Steinbruchsbetriebes auf ihr Grundstück entstehenden Schadens festgestellt; dies gegen die Erstbeklagte aber nur für die Zeit bis zum 8. November 1938.

2. Die Revision der Klägerin ist begründet, soweit sie um Nachprüfung der Ansicht des Berufungsgerichts bittet, die Klägerin könne keine Rechte aus dem Vertrage vom 31. August 1905 herleiten. Dort hat der Verkäufer mit „Wirksamkeit für und gegen alle Nachfolger im Besitze des herrschenden und der dienenden Grundstücke" auf das Recht verzichtet, die auf dem Wiesenstreifen oberhalb des Stein-

bruchs befindlichen Bäume zu fällen. Da von Kaspar St., der diese Verpflichtung übernommen hat, bis auf die Zweitbeklagte Gesamtrechtsnachfolgen vorliegen, so ist es — entgegen der Ansicht des Berufungsgerichts — gleichgültig, daß die jetzige Eigentümerin den Hof nicht nur auf Grund dieser Gesamtrechtsnachfolge zu eigen hat. Unrichtig ist auch, daß die Gesamtnachfolge mit der Auseinandersetzung der Erbschaft endete. Die Schuldhaftung, um die es sich hier handelt, endete damit nicht. Sie ist persönlich und nicht mit dem Besitz eines einzelnen Vermögensstücks aus dem Nachlaß verknüpft. Auch daraus kann der Klägerin kein Einwurf gemacht werden, daß die Kette abgeleiteten (derivativen) Erwerbs zwischen Sch. und ihr durch eine Zwangsversteigerung unterbrochen ist; denn die Vertragsverpflichtung ist zu Gunsten jeden Eigentümers von Haus L. übernommen, was nach § 328 BGB. möglich war (vgl. RGZ. Bd. 128 S. 246 [249]). Dann aber kommt es auf die vom Berufungsgerichte zwar erörterte, aber nicht endgültig beantwortete Frage an, ob die Verpflichtung, die Bäume stehen zu lassen, einer fortschreitenden Ausbeutung des Bruchs entgegenstehe. Dabei handelt es sich um Vertragsauslegung, insbesondere um die Erörterung, wie die beiden Vertragsbestimmungen, das Verbot, die auf dem Wiesenstreifen stehenden Bäume zu fällen, und die Gestattung ungehinderten Weiterbetriebs des Bruchs, im Sinne der Vertragsbeteiligten miteinander zu vereinigen sind und ob der Anspruch auf Stehenlassen der Bäume mittelbar zu einer Beschränkung des Bruchbetriebs benutzt werden darf. Ferner ist zu prüfen, ob eine räumliche Beschränkung in der Ausbeutung des Bruchs an bestimmter Stelle, wenn sie beabsichtigt gewesen sein sollte, zeitlich unbeschränkt zu gelten hat. Die hierzu nötigen Erörterungen tatsächlicher Art aus den Umständen des Vertragsschlusses und dem Gesamtinhalte des Vereinbarten heraus müssen dem Tatsachenrichter überlassen bleiben.

3. Die Klägerin wendet sich nicht gegen den Steinbruchbetrieb überhaupt, sondern gegen die Einwirkungen, die sich aus der nach dem Auftreten der Erstbeklagten von Juli 1937 an verstärkten Betriebesweise ergaben. Das ist der Inhalt der von ihr gestellten Unterlassungsanträge. Daß die Benutzung des Hauses L. durch Geräusche, Gerüche und Gase aus dem Bruch wesentlich beeinträchtigt worden ist, stellt das Berufungsgericht fest. Dagegen sind von keiner Seite Angriffe erhoben und bestehen auch keine von Amts wegen zu berücksichtigenden

Bedenken. Ob die Behauptung der Klägerin zutrifft, daß die Erschütterungen das Gefüge des Hauses beeinträchtigt hätten, ist unentschieden geblieben. Dagegen ist nichts einzuwenden. Für die Abwehr genügen die übrigen Beeinträchtigungen. Ein bezifferter Schadensersatzanspruch wegen Beschädigung des Hauses ist bisher nicht erhoben worden. Das Berufungsgericht hat den Umstand nicht erörtert, daß im Zeitpunkte seines Urteils die angespannte Ausnutzung des Steinbruchs unter Mitwirkung der Erstbeklagten aufgehört hatte. Entgangen ist ihm dies nicht, wie die Beschränkung in der Verurteilung dieser Beklagten zeigt; aber es sieht diese Veränderung offensichtlich für die Abwehrklage gegenüber der Zweitbeklagten als bedeutungslos an. Das ist rechtlich begründet; denn trotz dieser Unterbrechung der Arbeiten drohte doch die Wiederaufnahme im bisherigen, die Klägerin störenden Umfange. Die Zweitbeklagte hat nach dem Inhalte des am 6. Dezember 1938 zur einstweiligen Verfügung ergangenen Urteils erklärt, die weitere Ausbeutung im bisherigen Umfange sei nur von der Gewinnung eines neuen Großabnehmers abhängig. Also bestand auch nach dem 8. November 1938 die Gefahr weiterer Beeinträchtigung (§ 1004 Abs. 1 Satz 2 BGB.).

Die Grundlage für den Ausspruch des Berufungsgerichts, daß in jener Gegend am K. die Benutzung eines Grundstücks als Steinbruch nicht ortsüblich, eine Ortsüblichkeit aber mindestens auf die bis zum Juli 1937 ausgeübte Art der Benutzung zu beschränken sei, ist seine durch eigene Anschauung gewonnene Überzeugung, daß es sich dort um ein vom eigentlichen Orte B. deutlich unterscheidbares Landhaussiedlungsgelände handle, das durch schöne ländliche Ruhe zum Aufenthalte für Erholungsbedürftige besonders geeignet sei und in dem der Steinbruch als ein Fremdkörper wirke. Die Revision der Klägerin nimmt diese ihr günstige Auffassung hin. Die Revision der Beklagten bittet um Nachprüfung. Sie meint, bei der unmittelbaren Verbindung des Ortsteils St. mit dem äußerst lebhaften B. hätte diese Sachlage, insbesondere die in den letzten Jahren eingetretene Entwicklung des ganzen Ortes, auch bei der Beurteilung des Gebiets am K. berücksichtigt werden müssen.

Die Betrachtungsweise des Berufungsgerichts, mit der es den am K. liegenden Ortsteil St. unterschiedlich vom Kern des Marktes B. wertet, trifft jedoch das Richtige. Nach einwandfreier tatsächlicher Feststellung trägt St. nach der Art seiner Bebauung und Bewirtschaftung ein vom inneren Orte B. mit seiner rein städtischen Bauweise und seinem starken, lärmenden Verkehre deutlich unterschiedenes Gepräge. Daher war dieser Ortsteil gesondert zu betrachten (vgl. RGZ. Bd. 133 S. 152 [154], Bd. 156 S. 314). Einer Einschränkung bedarf jedoch der Standpunkt des Berufungsgerichts darin, daß es in erster Reihe den Betrieb eines Steinbruchs in dieser Gegend von vornherein und im ganzen für nicht ortsüblich erklärt. Damit geht es über den Willen der Klägerin hinaus, die ja den bis Juli 1937 üblichen Betrieb zu dulden bereit ist. Zugleich läßt es damit zu Unrecht außer acht, daß der Steinbruch seit mehr als 100 Jahren besteht, daß sich der Erbauer des Hauses L. ausdrücklich mit dem Weiterbetrieb einverstanden erklärt hat, und schließlich, daß es sich in St. ausweislich der beigebrachten Pläne und Lichtbilder nicht um eine geschlossene Landhaussiedlung, wie etwa am Rande einer Großstadt, handelt, sondern um eine stark aufgelöste Bauweise. Die Wohnhäuser stehen für sich vereinzelt da mit weiten Zwischenlagen von Wald, Wiese und Berg. In Anbetracht dieser Umstände kann man dort den Betrieb des Steinbruchs nicht überhaupt für unzulässig halten. In diesem Punkt ist die vom Berufungsgericht an anderer Stelle — wie noch zu zeigen sein wird, rechtsirrig — berücksichtigte „Prävention" (d. h. die Tatsache, daß der Steinbruch vor dem Landhause da war) beachtlich. In Wald und Gebirge kann man nicht einen dort lange Zeit vor der Bebauung vorhandenen Steinbruch als „Fremdkörper" bezeichnen. Er paßt sich vielmehr durchaus in Lage und Bild der Örtlichkeit ein.

Nicht zu beanstanden aber ist der vom Berufungsgericht in zweiter Reihe aufgestellte Satz, daß sich die Ortsüblichkeit des Steinbruchbetriebs auf den bis zum Juli 1937 vorhandenen Zustand beschränke, jedoch mit einer unten zu rechtfertigenden, in die Zukunft wirkenden Einschränkung. Wie das Berufungsgericht betont, kommt es nicht nur auf die Art der einwirkenden Anlage im allgemeinen (Steinbruch) an, sondern wesentlich auch auf die Art und das Maß der Benutzung durch die besondere Anlage — die Betriebsweise — gerade in diesem Steinbruche (RGZ. Bd. 139 S. 29 [32], Bd. 154 S. 161 [164], Bd. 156 S. 314 [318]). Die seit 1937 eingetretene Steigerung, bei der an die Stelle eines Betriebs mit einer kleinen Steinquetschmaschine und wenigen Arbeitern ein Großbetrieb mit Preß- und Bohrmaschinen, häufigen und starken Sprengungen und mit etwa 150 Arbeitern getreten sein soll, ist eben das, worüber sich die Klägerin beschwert. In der Betriebsweise des an sich zu duldenden Steinbruchs muß darauf Rücksicht genommen werden, daß er sich in einem sonst durch ländliche Ruhe ausgezeichneten, zum Aufenthalte für Erholungsbedürftige bestimmten Landhaussiedlungsgelände befindet. Nur ein dementsprechend eingeschränkter Betrieb entspricht der örtlichen Gestaltung und ist dort ortsüblich im Sinne des § 906 BGB. Dies stimmt überein mit der Tatsache, daß vor der Erbauung von Haus L. ein Vertrag geschlossen wurde, der auf gegenseitige Duldung und Beachtung hinausging.

Geht man davon aus, daß als nach den örtlichen Verhältnissen bei Grundstücken in dieser Lage gewöhnlich keinenfalls die seit Juli 1937 gehandhabte Ausbeutung im Großbetrieb angesehen werden kann und daß ein so gestalteter Steinbruchsbetrieb in dieser sonst durch ländliche Ruhe ausgezeichneten Ortslage rechtswidrig ist, so ist damit doch nicht gesagt, daß die Grenze des Rechtmäßigen genau nach der vor Juli 1937 geübten Betriebsweise zu bestimmen wäre. Hier ist die Erwägung am Platze, die das Berufungsgericht zu einem anderen Punkt anstellt, „daß es absurd wäre, die Beklagte auf die Mittel einer wesentlich primitiveren Technik, als sie der gewaltige Fortschritt der modernen Technik bietet, zu verweisen und ihr womöglich zuzumuten, im Handbetriebe nach Altväterweise zu arbeiten". Das entspricht dem vom Reichsgericht mehrfach aufgestellten Satze, daß § 906 BGB. keine starre Norm ist, sondern wandelbar gerade auch nach den Fortschritten der Technik (JW. 1936 S. 3454 Nr. 6; RGZ. Bd. 154 S. 161 [164]). Die Rücksichtnahme, die auch die Klägerin dem Nachbarn schuldet, muß darin bestehen, daß sie einen Betrieb des Steinbruchs duldet, der möglicherweise über die bis 1937 übliche Art der Ausnutzung hinausgeht, der aber doch nicht ihren Fremdenheimbetrieb und die ungefährdete Benutzbarkeit ihres Hauses unbillig beeinträchtigt. Der Richter muß, nötigenfalls mit Hilfe eines Sachverständigen, eine Art der Ausnutzung festlegen, die beiden Teilen gerecht wird. Man kann dabei an Einschränkungen mannigfacher Art denken, zeitliche, örtliche, solche in der Menge der Gewinnung in einem bestimmten Zeitraum, in der Zahl der Arbeiter, auch an Anbringung irgendwelcher Schutzeinrichtungen für das Haus L. Die Revision der Klägerin rügt mit Recht, daß das Berufungsgericht solche Erwägungen nicht angestellt habe. Eine so beschränkte Betriebsweise braucht keineswegs einer Nichtausbeutung nahezu gleichzukommen, wie das das Berufungsgericht für eine solche alter Art befürchtet. Andererseits muß die Zweitbeklagte mit Rücksicht auf die Umgebung, in der der Bruch liegt, auf einen geräuschvollen Großbetrieb, der ihr schnell hohen Gewinn bringen mag, verzichten. Das entspricht um so mehr der Billigkeit, als ihr Rechtsvorgänger durch Verkauf von Gelände zur Schaffung der Landhaussiedlung beigetragen hat. Mit einer Beschränkung des Betriebes werden der Zweitbeklagten die im Berge ruhenden Bodenschätze nicht entzogen. Nur wird ihre Ausnutzung länger hinausgeschoben.

Hiernach steht einerseits fest, daß der seit Juli 1937 ausgeübte Großbetrieb, den die Zweitbeklagte auch weiterhin so handhaben möchte, die nach § 906 BGB. in Anbetracht der örtlichen Lage gegebene Grenze des Rechtmäßigen überschritten hat, andererseits, daß die Zweitbeklagte sich nicht notwendig und streng auf die bis dahin übliche Betriebsweise beschränken zu lassen braucht. Wo die richtige Grenze des Rechtmäßigen liegt, kann erst nach näherer tatsächlicher Prüfung festgestellt werden.

4. Der regelmäßige Rechtsbehelf gegen unzulässige Einwirkungen ist die Abwehrklage aus § 1004 BGB. Rechtlich zu billigen ist die Meinung des Berufungsgerichts, daß ein Unterlassungsanspruch sich nicht nur gegen die Zweitbeklagte richten könne, die als Eigentümerin des Steinbruchs den Betrieb geführt hat und ihn weiterführen will, sondern auch gegen die Erstbeklagte, weil sie gleichfalls als Störerin anzusehen sei. Indem diese die zur Ausbeutung des Bruches nötigen Werkzeuge, Maschinen und Bedienungsmannschaften stellte, sodann die zu sprengenden Steine durch ihren Werkmeister auswählen ließ, wirkte sie bestimmend an der Durchführung des die Klägerin beeinträchtigenden Betriebes mit (vgl. RGZ. Bd. 159 S. 129 [136]). Diese tatsächliche Handhabung ergab einen Unterlassungsanspruch auch gegen die Erstbeklagte, ohne daß es auf die rechtliche Wertung des Verhältnisses zwischen den beiden Beklagten untereinander ankommt, insbesondere darauf, ob man dafür mit dem Berufungsgericht ein Gesellschaftsverhältnis annehmen könnte.

Aus Rechtsgründen zu mißbilligen ist jedoch der Standpunkt des Berufungsgerichts, daß hier entgegen der Vorschrift des § 1004 BGB. der Klägerin jeglicher Unterlassungsanspruch zu versagen sei, weil ein solcher in diesem Falle zu dem unbilligen Ergebnis führen würde, daß der Zweitbeklagten die Ausnutzung ihres Eigentums verwehrt wäre, obwohl der Steinbruch zeitlich vor dem Hause L. dagewesen sei. Das Berufungsgericht will aus Gründen der Billigkeit diese zeitliche Reihenfolge sich dahin auswirken lassen, daß ein Schadensersatzanspruch in der vom Nachweise des Verschuldens unabhängigen Gestalt eines Aufopferungsanspruchs an die Stelle des ausnahmsweise zu versagenden Abwehranspruchs zu treten habe. Derartiges findet aber keine Stütze im geltenden Recht. Im vorliegenden Falle sprechen auch nicht einmal besondere Gründe der Billigkeit dafür.

Nach gesetzlicher Vorschrift ist die Abwehrklage versagt gegenüber gewerblichen Anlagen, die mit obrigkeitlicher Genehmigung errichtet sind (§§ 26, 16 GewO.), ferner gegenüber Betrieben, die für die Volksertüchtigung und für die Volksgesundheit von besonderer Bedeutung sind (Gesetze vom 13. Dezember 1933, RGBl. I S. 1058, vom 18. Oktober 1935, RGBl. I S. 1247). Keiner dieser Fälle liegt hier vor. Ausgeschlossen ist der Rechtsweg für Klagen auf Unterlassung von Maßnahmen, die in Ausübung staatshoheitlicher Aufgaben geschehen (RGZ. Bd. 159 S. 131). Andere Unternehmen als die bisher erwähnten dürfen dann nicht durch eine Abwehr in der Ausübung ihres Betriebes gestört werden, wenn sie für das allgemeine Wohl unentbehrlich oder doch von besonderer Bedeutung sind (sogenannte lebenswichtige Betriebe, RGZ. Bd. 159 S. 129 [135]). Auch das liegt hier nicht vor. Es handelt sich um einen rein privaten Betrieb, der in keiner ersichtlichen Beziehung zum Nutzen der Allgemeinheit steht oder sogar hierfür unentbehrlich wäre. Auch davon kann nicht die Rede sein, daß die Bodenschätze des Hofes bei Beschränkung des Betriebes unausgenutzt liegen bleiben müßten. Die Gewinnung wird nur verlangsamt; sie braucht deswegen aber nicht unwirtschaftlich zu sein. Die Ansicht des Berufungsgerichts läuft auf eine Enteignung gegenüber der Klägerin zu Gunsten des Steinbruchsbetriebes hinaus. Die Klägerin soll die Wohnlichkeit ihres Hauses gegen Entschädigung aufopfern. Dafür fehlt es an einer Rechtsgrundlage. Dem erforderlichen gerechten Ausgleich unter den Nachbarn kann und muß durch eine angemessene Betriebsregelung, also durch eine Teiluntersagung, bei der beide Teile bestehen können, Rechnung getragen werden.

Mithin ist die vom Berufungsgericht ausgesprochene Abweisung der mit Recht gegen die beiden Beklagten gerichteten Unterlassungsklage nicht aufrechtzuerhalten. Der Tatsachenrichter muß unter Beachtung des oben zu 3 Ausgeführten prüfen, in welchem Umfang ihr stattzugeben ist. Bei der Erstbeklagten bleibt dazu die Tatsache der Erledigung seit dem 8. November 1938 zu beachten. In der neuen Verhandlung wird auch die Behauptung der Klägerin zu berücksichtigen sein, bei den Sprengungen würden Steine und Schmutz auf ihr Grundstück geschleudert, was jedenfalls unzulässig wäre.

5. Einen Schadensersatzanspruch, ziffernmäßig in Höhe von 1224 RM. und im Feststellungsausspruch, billigt das Berufungsgericht zu in der Gestalt eines den zu versagenden Unterlassungsanspruch ablösenden Aufopferungsanspruchs. Das ist nicht aufrechtzuerhalten, weil, wie ausgeführt, der Unterlassungsanspruch nicht entfällt, vielmehr zum mindesten teilweise begründet ist. Dann aber kann rechtliche Grundlage für den Ersatz von Schäden, die der Klägerin zugefügt sind, außer einer etwa in Betracht kommenden Vertragshaftung (vgl. oben zu 2) nur § 823 BGB. sein (vgl. Planck-Strecker BGB. 5. Aufl. Bem. 5e zu § 906; RGRKomm. z. BGB. 9. Aufl. Bd. 3 S. 206 unten; RGZ. Bd. 156 S. 314 [320], Bd. 159 S. 68 [75]). Dazu sind weitere Erörterungen durch das Berufungsgericht erforderlich. Die von der Klägerin behaupteten Schäden an ihrem Gewerbebetrieb, ihrem Hauseigentum und ihrer Gesundheit sind zu prüfen.

---

58. Über Notarshaftung nach tschechoslowakischem (österreichischem) Recht.

ABGB. § 1299. Österreichische Notariatsordnung vom 25. Juli 1871 (RGBl. Nr. 75) § 5. Österreichische Advokatenordnung vom 6. Juli 1868 (RGBl. Nr. 96) § 9.

VIII. Zivilsenat. Beschl. v. 15. Januar 1940 i. S. P. (Kl.) w. G. (Bekl.). VIII 172/39.

I. Kreisgericht Reichenberg.
II. Obergericht Prag.

Der Kläger stützt seinen Schadensersatzanspruch gegen den Beklagten auf die Behauptung, daß dieser als Notar durch Verletzung seiner Sorgfaltspflicht ihn um die gekaufte Liegenschaft gebracht habe. Er behauptet, daß er mit seiner Ehefrau von N. die diesem mit

Beschluß vom 20. Februar 1928 für 35000 K. zugeschlagene Liegenschaft noch vor Erfüllung der Versteigerungsbedingungen für 45000 K. gekauft habe. Zur Begleichung dieses Kaufpreises habe er 1000 K. sofort an N. unmittelbar gezahlt, 7000 K. später durch Vermittlung des Beklagten, an den sich beide zur Abfassung des Kaufvertrages gewendet hätten. Außerdem habe er dem Beklagten 27000 K. zur Berichtigung des Meistbotes übergeben und 2300 K. an Gebühren bezahlt, also insgesamt 37300 K. aufgewendet. Dadurch, daß der Beklagte von diesem Betrage rund 22000 K. nicht auftragsgemäß im Sinne der Versteigerungsbedingungen für N. beim Gericht erlegt, sondern an die Sparkasse in E. als Hypothekengläubigerin unmittelbar ausgezahlt habe, habe er verschuldet, daß die Sparkasse diesen Betrag wieder an N. zurückgezahlt habe, so daß es mangels Erfüllung der Versteigerungsbedingungen zu einer Wiederversteigerung und dadurch zum Verluste der Liegenschaft für den Kläger gekommen sei. Er begehrt deshalb als Schadensersatz vom Beklagten die Zurückzahlung der fruchtlos aufgewendeten Beträge.

Der Beklagte hat dagegen vorgebracht, er habe vom Kläger den ausdrücklichen Auftrag gehabt, an die Sparkasse zu zahlen, habe aber vorsichtshalber mit Schreiben vom 28. April 1928 noch die Zustimmung der Sparkasse dazu eingeholt, daß diese von ihrer bücherlichen Forderung im Betrage von 32000 K. einen Restbetrag von 10000 K. weiterhin auf der versteigerten Liegenschaft belasse. Das Antwortschreiben der Sparkasse vom 30. April 1928 könne nur als Zustimmung in dem Sinn ausgelegt werden, daß sie mit der unmittelbaren Auszahlung — und nicht mit der Einzahlung beim Gericht im Sinne der Versteigerungsbedingungen — und damit, daß eine Restforderung von 10000 K. weiterhin auf der Liegenschaft stehen bleiben könne, einverstanden sei.

Beide Vordergerichte haben die Klage abgewiesen. Die Revision des Klägers führte zur Aufhebung und Zurückverweisung.

Aus den Gründen:

Die Frage des Verschuldens ist vom Berufungsgerichte nicht richtig beantwortet worden. Schon die Begründung des Berufungsurteils ist nicht schlüssig. Es erwähnt richtig: Von einem Verschulden des Beklagten könnte nur dann gesprochen werden, wenn erwiesen wäre, daß er nicht den ungewöhnlichen Fleiß und die besonderen

Fachkenntnisse gemäß § 1299 ABGB. angewandt habe. Weiter sagt es: Ein Gebot der Vorsicht war es zwar nach den Versteigerungsbedingungen, den Kaufpreis .... beim Gericht zu erlegen; es darf aber nicht übersehen werden, daß der Kläger dem Beklagten den Auftrag gab, das Geld bei der Sparkasse zu erlegen, da sich der Kläger um das übrige selbst kümmerte, weil er mit der Sparkasse .... verhandelte. Das Berufungsgericht nimmt also ein Versehen an, ohne darin einen Haftungsgrund nach § 1299 ABGB. zu erblicken, was bei der strengen Haftung nach dieser Vorschrift kaum denkbar ist. Auch kann der Beklagte sich nicht damit entschuldigen, daß er im Sinne des Auftrages des Klägers gehandelt habe. Denn einmal hat das Beweisverfahren nicht ergeben, daß der Kläger gerade auf die unmittelbare Überweisung des zur Erfüllung des Meistbotes nötigen Betrages an die Sparkasse statt an das Gericht Wert gelegt habe, daß sein Begehren also nur so aufgefaßt werden kann, daß er die Sparkasse befriedigen wollte, gleichgültig, ob durch Einzahlung beim Gericht oder im unmittelbaren Wege — wobei ihm als einem Rechtsunkundigen kaum ein Verständnis für die Richtigkeit des einen oder anderen Weges zugemutet werden kann —; ferner aber hätte auch ein sachlich unrichtiger Auftrag des Klägers an der Verbindlichkeit des Beklagten aus § 1299 ABGB., § 5 der Notariatsordnung vom 25. Juli 1871 und § 9 der Advokatenordnung vom 6. Juli 1868, alle Vorsicht anzuwenden, um seine Partei vor Schaden zu bewahren, nichts geändert. Er hätte berücksichtigen müssen, daß nach § 154 EO. bei nicht ordnungsmäßiger Berichtigung des Meistbotes — also auch bei einer solchen, die nicht im Sinne der Versteigerungsbedingungen durch Einzahlung beim Gericht ausgeführt wird (§ 152 EO.) — eine Wiederversteigerung angeordnet werden kann, die den Verlust der Liegenschaft für den Kläger verursachen konnte.

Zwar ist es richtig, daß eine Abweichung von den nachgiebigen Bestimmungen des § 152 EO. möglich ist und in der Praxis auch vorkommt, aber auf jeden Fall hätte sich der Beklagte nicht nur der Zustimmung der Sparkasse zu dem beabsichtigten Vorgehen vergewissern, sondern auch Sicherung dafür verlangen müssen, daß der überwiesene Betrag ausschließlich zur Abdeckung der Hypothekenforderung der Sparkasse, also zur Erfüllung der Versteigerungsbedingungen verwendet werde. Diese Sicherung hätte darin bestehen müssen, daß die Sparkasse ihm die Erklärung abgab, sie sei mit dem Bestehenbleiben der Hypothek bis zum Betrage von 10000 K. einverstanden und erkläre sich wegen ihrer Restansprüche aus dem Meistbote für befriedigt, wenn der Beklagte für N. an sie den Betrag von 23500 K. zahle. Durch den Besitz einer solchen Erklärung wäre er in der Lage gewesen, einem etwaigen Einwande der Sparkasse zu begegnen, sie habe die Zahlung nicht auf ihre Forderung aus dem Meistbot erhalten. Aus dem Schreiben des Beklagten vom 28. April 1928 ergibt sich nicht, daß er eine solche Erklärung verlangt hätte. Das Antwortschreiben der Sparkasse vom 30. April 1928 muß zwar als Zustimmung zu dem Vorschlage des Beklagten aufgefaßt werden, so daß die Sparkasse ihm gegenüber verpflichtet war, die 23500 K. zur Begleichung ihrer Forderung aus dem Meistbote zu verwenden; der Beklagte konnte aber mit diesem Schreiben nicht beweisen, daß die Sparkasse sich durch die Zahlung wegen ihrer Ansprüche aus dem Meistbote für befriedigt erklärt habe. Daß die Sparkasse ihrer Verpflichtung zuwidergehandelt und sich ihm gegenüber verantwortlich gemacht hat, schließt die Verantwortlichkeit des Beklagten dem Kläger gegenüber nicht aus.

Auch aus dem Hinweis auf den Zusammenhang der erwähnten Schreiben mit dem übrigen Briefwechsel ergibt sich nur, daß die Sparkasse bei gehöriger Aufmerksamkeit wissen mußte, daß der Beklagte die Versteigerungsbedingungen für seine Auftraggeber erfüllen wollte und daß sie den überwiesenen Betrag nicht an N. auszahlen durfte. Dieser Schluß ist aber im vorliegenden Streit ohne rechtliche Bedeutung; denn selbst wenn man daraus folgern wollte, daß die Sparkasse wider besseres Wissen handelte, indem sie selbst die ordnungsmäßige Berichtigung des Meistbotes vereitelte (§ 154 EO.) und sich auf diesen Umstand dann zur Erzielung der Wiederversteigerung berief, so schließt dieses Verschulden der Sparkasse den Klageanspruch gegen den Beklagten nicht aus, da er dieses Vorgehen der Sparkasse durch sein Versehen wenigstens mitverschuldet hat. Daraus ergibt sich nach §§ 1301, 1302 ABGB. seine Gesamthaftung, unbeschadet der ihm gegen die Sparkasse zustehenden Rückgriffsansprüche. Der Beklagte hat somit die von ihm nach § 1299 ABGB. zu vertretende, besondere fachmännische Sorgfalt verletzt, indem er sich nicht hinreichend sicherte, daß die Sparkasse seine Zahlung zur Befriedigung ihrer Forderung aus dem Meistbote verwende.

Sein Verhalten ist ursächlich für den Schaden des Klägers. Denn wenn der Beklagte im Besitz einer ausreichenden Erklärung der Sparkasse in dieser Richtung gewesen wäre, so hätte diese eine Wiederversteigerung des Grundstücks nicht mit Erfolg beantragen können.

---

59. Übt der Schrankenwärter der Reichsbahn bei Bedienung der Schranken hoheitliche Gewalt aus, so daß die Reichsbahn für eine Pflichtverletzung nach den Grundsätzen der Amtshaftung einzustehen hat? Wird er dabei insbesondere als Bahnpolizeibeamter tätig, oder ist die Bedienung der Schranken eine Hilfsverrichtung im bürgerlich-rechtlichen Geschäftskreise der Reichsbahn?

BGB. §§ 831, 839. WeimVerf. Art. 131. Gesetz zur Neuregelung der Verhältnisse der Reichsbank und der Deutschen Reichsbahn vom 10. Februar 1937 (RGBl. II S. 47). Reichsbahngesetz vom 4. Juli 1939 (RGBl. I S. 1205).

III. Zivilsenat. Urt. v. 19. Januar 1940 i. S. Deutsche Reichsbahn (Bekl.) w. H. (Kl.). III 75/39.

I. Landgericht Freiburg i. B.

Am 18. Juni 1938 vergaß der Hilfsschrankenwärter B., die Schranke für die Durchfahrt des nach 15 Uhr aus E. in T. eintreffenden Personenzugs rechtzeitig zu schließen. Eine Zugmaschine des Klägers mit einem Langholzanhänger fuhr um dieselbe Zeit auf der den Bahnkörper überquerenden Straße nach T. mit einer Stundengeschwindigkeit von 5 bis 6 km. Vor dem Bahnübergange war die Sicht durch Bäume und eine lebende Hecke behindert. Infolgedessen bemerkte der Fahrer den herankommenden Zug erst, als er sich bereits auf dem Bahnübergange befand. Der Zug fuhr auf das Fuhrwerk auf. Das Fuhrwerk und die Ladung wurden erheblich beschädigt, der Begleiter Be. getötet. B. wurde wegen fahrlässiger Transportgefährdung und fahrlässiger Tötung zu 5 Monaten Gefängnis verurteilt.

Der Kläger verlangt von der Reichsbahn Ersatz seines Sachschadens aus Amtspflichtverletzung des Schrankenwärters oder aus §§ 823, 831 BGB. und klagte zunächst einen Teilbetrag von 1000 RM. ein. Er behauptet, B. sei mit Arbeit überlastet und ungenügend überwacht gewesen. Die Beklagte bestreitet das Verschulden des B. nicht, wendet aber ein, daß er nicht in Ausübung öffentlicher Gewalt gehandelt habe und daß bei seiner Bestellung und Beaufsichtigung die erforderliche Sorgfalt beobachtet worden sei. Sie ist vom Landgericht nach dem Klageantrage verurteilt worden. Die von ihr mit Einwilligung des Klägers eingelegte Sprungrevision führte zur Aufhebung und Zurückverweisung.

Gründe:

Nach dem Gesetz zur Neuregelung der Verhältnisse der Reichsbank und der Deutschen Reichsbahn vom 10. Februar 1937 Art. 2 führte die Deutsche Reichsbahn-Gesellschaft den Namen „Deutsche Reichsbahn". Das neue Reichsbahngesetz vom 4. Juli 1939 bestimmt in § 1, daß das Reich künftig das Reichsbahnvermögen als ein Sondervermögen des Reiches unter dem Namen „Deutsche Reichsbahn" verwaltet. Demnach ist die beklagte Partei nicht als „Deutsches Reich (Deutsche Reichsbahn)" zu bezeichnen, wie das angefochtene Urteil meint, sondern nur als „Deutsche Reichsbahn".

Das Landgericht hat die Verurteilung auf § 839 BGB. und Art. 131 WeimVerf. gestützt. Der erkennende Senat hat im Urteil vom 6. Oktober 1939 III 2/39 (RGZ. Bd. 161 S. 341) ausgeführt, daß die Personenbeförderung durch die Reichsbahn auch heute noch nicht Ausübung fürsorglicher Hoheitsgewalt sei, sondern sich im bürgerlich-rechtlichen Geschäftskreise halte. Dasselbe gilt erst recht für die Güterbeförderung, die in noch weitergehendem Maße nach wie vor unmittelbar durch das Handelsgesetzbuch in seinem 7. Abschnitt geregelt ist. Das Schrifttum hat die Entscheidung angegriffen, weil an einer strengen Trennung von öffentlichem und bürgerlichem Recht festgehalten und übersehen werde, daß die Reichsbahn gleichzeitig aus dem Beförderungsvertrag und aus Amtspflichtverletzung haften könne. Der Einwand kann nicht überzeugen. Die Ausübung staatshoheitlicher Gewalt oder Fürsorge schließt an sich die Betätigung durch einen bürgerlich-rechtlichen Vertrag aus. Etwas anderes ist es, wenn eine öffentlich-rechtliche Körperschaft sich zum Zwecke der Erfüllung ihrer staatshoheitlichen Aufgaben auf den Boden des bürgerlichen Rechtsverkehrs begibt. In diesem Fall übt sie aber nicht hoheitliche Gewalt oder Fürsorge aus, sondern wird im bürgerlich-rechtlichen Geschäftskreise nur für den ihr obliegenden Staatszweck tätig. Dieselbe Handlung kann jedoch nicht gleichzeitig öffentlich-rechtlicher und bürgerlich-rechtlicher Natur sein.

Eine öffentlich-rechtliche Körperschaft, die ihre Aufgaben im wesentlichen im bürgerlich-rechtlichen Geschäftskreis erfüllt, kann daneben zur Erreichung ihres Zweckes sich staatshoheitlicher Gewalt oder Fürsorge bedienen und mit ihrer Ausübung betraut sein. Das gilt für die Reichsbahn nur im Rahmen der Bahnpolizei, die ihr durch §§ 74 flg. der Eisenbahn-Bau- und Betriebsordnung vom 17. Juli 1928 (RGBl. II S. 541) übertragen ist. Die Bahnpolizei umfaßt die Maßnahmen, die zur Handhabung der für den Eisenbahn-Betrieb und -Verkehr geltenden polizeilichen Verordnungen erforderlich sind (§ 75 Abs. 1 EBBO.). Zu den Eisenbahnpolizeibeamten gehören die Bahn- und Schrankenwärter (§ 74 mit § 45 Nr. 8). Die Ausübung der Bahnpolizei richtet sich gegen Dritte, gegen die Reisenden und sonstige Verkehrsteilnehmer (§ 77). Im Urteil des erkennenden Senats vom 14. Oktober 1932 III 389/31 (JW. 1933 S. 840 Nr. 13, HRR. 1933 Nr. 657) ist daher Bahnpolizeidienst eines Schrankenwärters bei Bedienung einer Fernschranke schon deshalb verneint worden, weil der Bahnpolizeidienst die Möglichkeit einer unmittelbaren, persönlichen Einwirkung an Ort und Stelle auf Zuwiderhandelnde erfordere.

Daraus ist aber nicht, wie das Landgericht im Anschluß an das Urteil des Kammergerichts vom 20. Januar 1938 23 U 5738/37 (VAE. 1938 S. 228 [230]) meint, zu folgern, daß im Schließen einer unmittelbar bedienten Schranke die Ausübung der Bahnpolizei und damit öffentlicher Gewalt zu sehen sei. Es genügt, in dem Falle der Fernschranke auf die Unmöglichkeit polizeilicher Einwirkung hinzuweisen, um besonders sinnfällig darzutun, daß die Bedienung der Fernschranke nicht Ausübung der Bahnpolizei sein kann. Wenn das Kammergericht annimmt, im Schließen der Bahnschranke liege die Betätigung einer bahnpolizeilichen Befugnis, weil der Bahnwärter dadurch auf die Verkehrenden einwirke und weil ihm seine Tätigkeit auch zum Schutze der Wegebenutzer obliege, so übersieht es den Unterschied zwischen der Verkehrssicherungspflicht des Bahnunternehmens und der bahnpolizeilichen Aufgabe, die Wegebenützer zur Beobachtung der von der Bahnverwaltung zur Aufrechterhaltung der Sicherheit und Ordnung im Bahnverkehr erlassenen Vorschriften anzuhalten (§ 77 EBBO.). Bei der unmittelbar bedienten Schranke können anders als bei der Fernschranke bahnpolizeiliche Maßnahmen dazu kommen. Aber auch hier ist nicht die Bedienung der Schranke selbst schon eine bahnpolizeiliche Maßnahme, sondern erst die Verhinderung einer etwaigen Zuwiderhandlung Dritter gegen das an das Schließen der Schranke anknüpfende Verbot, wonach jemand die Bahn an den zu Übergängen bestimmten Stellen nur so lange überschreiten darf, als diese nicht durch Schranken geschlossen sind oder sich nicht ein Zug nähert (§ 79 Abs. 1 EBBO.).

Der Schrankenwärter ist, soweit er nicht als Eisenbahnpolizeibeamter tätig zu werden hat, Eisenbahnbetriebsbeamter (§ 45 Abs. 1 Nr. 8 EBBO.), also Betriebsgehilfe des Personen- und Güterbeförderungsunternehmens der Eisenbahn. Seine Anstellung dient der gesicherten Durchführung des Betriebes (§ 45 Abs. 3), der in der Ausführung der abgeschlossenen Beförderungsverträge besteht. Nach § 1 der Dienstanweisung für die Bahn- und Schrankenwärter, gültig vom 1. April 1932 ab, hat der Schrankenwärter die ihm zugewiesenen Übergänge zu bewachen und zu beleuchten, den Wegübergang zu unterhalten und die Wegschranken zu bedienen. Nach § 1 Abs. 3 ist „seine oberste Pflicht die Sorge dafür, daß die Bahn sicher befahren werden kann; diese Aufgabe geht jeder anderen vor". Die Sicherung des Bahnbetriebs über Straßenkreuzungen dient wohl auch den Belangen der Wegebenützer. Dieser Zweck steht aber erst in zweiter Linie. Insoweit ist aber die Einrichtung der Bahnschranken ebenso wie die Aufgabe des Schrankenwärters, die Übergänge zu bewachen, zu beleuchten und zu unterhalten, allgemeine Verkehrssicherungspflicht, wie sie nach ständiger Rechtsprechung jedem obliegt, der auf ihm gehörigen oder seiner Verfügung unterstehenden Grundstücken einen Verkehr für Menschen eröffnet oder zuzulassen hat. Die Bahn ist dementsprechend auch an den Kosten für die Wegekreuzungen beteiligt, soweit ihre Änderung oder ihre Ergänzung durch den Bahnverkehr veranlaßt ist (früher nach § 39 des Reichsbahngesetzes vom 30. August 1924 [RGBl. II S. 272] in der Fassung des Änderungsgesetzes vom 13. März 1930 [RGBl. II S. 369], jetzt nach dem Gesetz über Kreuzungen von Eisenbahnen und Straßen vom 4. Juli 1939 [RGBl. I S. 1211] mit Durchführungsverordnung vom 5. Juli 1939 [RGBl. I S. 1215]). Sie ist also wegebaupflichtig und aus dieser Eigenschaft heraus verpflichtet, für die Verkehrssicherheit auf den von ihr zu unterhaltenden Wegen zu sorgen und ortspolizeilichen Weisungen in bezug auf ihre Wegebaupflicht nachzukommen (Preuß. OVG. Bd. 32 S. 219).

So hat das Reichsgerichtsurteil vom 20. November 1924 (RGZ. Bd. 109 S. 209 [211]) unter Anführung des Urteils vom 29. Juni 1923 III 828/22 (abgedr. im Recht 1923 Nr. 1237) darauf hingewiesen, daß zwar den Eisenbahnbeamten polizeiliche Befugnisse übertragen seien, daß diese Befugnisse aber mit der allgemeinen bürgerlich-rechtlichen Verkehrssicherungspflicht eines Eisenbahnunternehmers nichts zu tun hätten. Als solcher habe der Staat wie jeder Beförderungsunternehmer die sich aus § 823 BGB. ergebende bürgerlich-rechtliche Pflicht, dafür zu sorgen, daß durch die Ausführung seiner Beförderungen nicht Personen oder Sachen zu Schaden kämen. Die Beamten handelten dabei nicht kraft öffentlicher Gewalt, sondern lediglich als seine Betriebsgehilfen. In RGZ. Bd. 154 S. 16 ist ausgesprochen, daß die dem Wegebaupflichtigen obliegende Anbringung und Unterhaltung von Warnungstafeln für den Kraftfahrverkehr auch dann als Erfüllung der Verkehrssicherungspflicht und nicht als Ausübung öffentlicher Gewalt aufzufassen sind, wenn der Wegebaupflichtige Hoheitsträger ist, obwohl die Warnzeichen, indem sie auf Gefahrstellen vorbereiten, zugleich geeignet sind, dem Fahrer die an solchen Gefahrstellen zu beachtenden Polizeiverbote in Erinnerung zu rufen und ihre Beachtung nahezulegen. Ähnlich verhält es sich mit der dem Eisenbahnunternehmer obliegenden Anbringung und Bedienung der Schranken. Daß der dafür verantwortliche Bahnunternehmer zugleich Inhaber der Bahnpolizeigewalt ist, ändert nichts daran, daß die Anbringung und Bedienung der Schranken noch nicht Ausübung der Polizeigewalt ist, sondern daß diese erst einzugreifen hat, wenn das Verbot, das Bahngelände nach Schließung der Schranken zu begehen, übertreten wird. Es ist nicht so, daß der Schrankenwärter durch das Schließen der Schranken den Übergang verbietet und damit, wie der Kläger meint, eine polizeiliche Verfügung erläßt, sondern der Schrankenwärter ist nur Polizeivollzugsbeamter, der Zuwiderhandlungen zu verhindern hat. Aber auch die Bahnverwaltung erläßt durch das Schließen der Schranken keine polizeiliche Verfügung, sondern die Verfügung ist in § 79 EBBO. enthalten und dagegen gerichtet, daß der Bahnkörper betreten wird, wenn die Sicherheit des Bahnverkehrs seine Freihaltung erfordert. Deshalb gilt das Verbot auch für den Fall, daß sich ein Zug nähert.

Daraus ergibt sich eindeutig, daß das Schließen der Schranken nur die Annäherung des Zuges anzeigt und ebensowenig wie diese selbst eine polizeiliche Maßnahme ist, sondern nur den Zustand schafft, an den die Rechtsnorm, § 79 EBBO., das Verbot knüpft.

Ist aber die Bedienung der Schranke nicht Ausübung der Bahnpolizei, so könnte sie nur dann Ausübung hoheitlicher Gewalt oder Fürsorge sein, wenn der Bahnbetrieb überhaupt auf öffentlich-rechtlichem Gebiete liegen würde. Insofern besteht jedoch kein Anlaß, von den Ausführungen des Urteils vom 6. Oktober 1939 abzugehen. Dabei ist noch zu beachten, daß sich der Unfall im Juni 1938 ereignet hat, also zwar nach Erlaß des Gesetzes zur Neuregelung der Verhältnisse der Reichsbank und der Deutschen Reichsbahn vom 10. Februar 1937, aber vor dem Reichsbahngesetz vom 4. Juli 1939, das erst die volle Eingliederung der Deutschen Reichsbahn in das Vermögen des Reiches gebracht hat.

Das Urteil in RGZ. Bd. 105 S. 99 hat die Ausübung öffentlicher Gewalt bei Bedienung einer Schleuse im Nord-Ostseekanal daraus hergeleitet, daß der Betrieb dieses Kanals kein fiskalischer sei, sondern gemeinnützigen öffentlichen Zwecken diene. Gerade darin liegt der wesentliche Unterschied zwischen dem Kanalbetrieb und dem Betriebe der Reichsbahn. Die Einrichtung des Kanalbetriebes bezweckt die Sicherung des Schiffahrtverkehrs, also eine hoheitliche Fürsorgetätigkeit. Die Reichsbahn bezweckt die Personen- und Güterbeförderung. Bei ihr ist die Notwendigkeit der Verkehrssicherung nur eine Begleiterscheinung der Gefährlichkeit des Unternehmens. Daß Kanal und Bahn Reichsvermögen sind und von Reichsbeamten verwaltet werden, bedeutet noch nicht Gleichheit der rechtlichen Erscheinungsform und macht die Verkehrssicherung der Reichsbahn allein noch nicht zu öffentlich-rechtlichen Fürsorgemaßnahmen.

Die Haftung der Reichsbahn für eine schuldhafte Pflichtverletzung des Betriebsbeamten kann sich demnach nur auf §§ 823flg. und § 831 BGB. stützen, auf die letzte Bestimmung, soweit der Beamte nicht als verfassungsmäßig berufener Vertreter der Reichsbahn nach §§ 89, 30, 31 BGB. in Betracht kommen kann. Die Folge ist die Möglichkeit des Entlastungsbeweises nach § 831 BGB., den zu führen sich die Reichsbahn erboten hat, während der Kläger ungenügende

Überwachung und dienstliche Überlastung des Schrankenwärters behauptet. Die Überlastung könnte ihren Grund in dem Verschulden anderer verfassungsmäßiger Vertreter oder anderer Verrichtungsgehilfen der Eisenbahn haben.

---

60. 1. Ist der Gesellschafter einer offenen Handelsgesellschaft von der Mitwirkung bei der Beschlußfassung darüber ausgeschlossen, ob die Gesellschaft Ansprüche gegen ihn geltend machen soll?

2. Kann und darf der alleinvertretungsberechtigte Gesellschafter das Vermögen der offenen Handelsgesellschaft auf einen Dritten übertragen, um so die gesetzlich vorgesehene Form der Abwicklung zu umgehen?

3. Sind, wenn eine offene Handelsgesellschaft im Abwicklungsverfahren eine ihr gegen einen der gesamtvertretungsberechtigten Gesellschafter-Abwickler zustehende Forderung an einen Dritten abtreten oder gerichtlich geltend machen will, die übrigen Gesellschafter einzeln oder zusammen vertretungsberechtigt oder bedarf es, sofern keine andere Regelung durch einstimmigen Beschluß getroffen wird, der Ernennung eines besonderen Abwicklers durch das Gericht?

HGB. §§ 116, 119, 126, 146, 150.

II. Zivilsenat. Urt. v. 20. Dezember 1939 i. S. S. (Kl.) w. R. u. a. (Bekl.). II 88/39.

I. Landgericht Berlin.
II. Kammergericht daselbst.

Zum Nachlaß der Eheleute F. gehörte die von ihnen unter der Firma F. herausgegebene Baugewerks-Zeitung. Ihre drei Töchter, nämlich die Ehefrau des Klägers, Frau von M. und Frau B., die Mutter der fünf Beklagten zu I, führten das Geschäft als offene

Handelsgesellschaft weiter. Ein schriftlicher Gesellschaftsvertrag wurde nicht geschlossen. Im Jahre 1920 wurde B., der Ehemann der Frau B. und Vater der Beklagten zu I, zum Prokuristen der Gesellschaft bestellt. Diese Stellung hatte er inne, bis er im August 1934 starb. Seit dem Jahre 1925 war das Unternehmen verpachtet. Nach Beendigung des Vertrages mit dem ersten Pächter verpachtete B. das Verlagsunternehmen vom 1. Januar 1933 ab an die offene Handelsgesellschaft L. & Co. und gewährte dieser im Zusammenhange damit aus Mitteln der Verpächterin ein bares Darlehen von 5500 RM. Ende des Jahres 1934 wurde die Firma L. & Co. zahlungsunfähig.

Durch notarischen Vertrag vom 11. November 1935 übertrug die Ehefrau des Klägers, die ebenso wie die übrigen Mitgesellschafter kraft Gesetzes Alleinvertretungsmacht für die offene Handelsgesellschaft hatte, dem Kläger auf seine Veranlassung das ganze Vermögen der Gesellschaft zu Eigentum gegen die Verpflichtung, das Gesellschaftsvermögen im Interesse und für Rechnung aller Gesellschafter in Verwahrung zu nehmen, zu verwalten und den sich bei der Verwertung ergebenden Erlös so aufzuteilen, „als wenn die Gesellschaft gemäß §§ 145 flg. HGB. regelrecht liquidiert worden wäre". Der Kläger bezeichnet das als Einräumung einer Treuhänderstellung. Er hat gegen die Beklagten zu I als Erben des Prokuristen B. Klage auf Schadensersatz wegen Verletzung der diesem aus dem Dienstverhältnis als Prokurist obliegenden Verpflichtungen und gegen die vier Beklagten zu II Klage auf Duldung der Zwangsvollstreckung erhoben. Die Beklagten haben Klageabweisung beantragt. Sie bestreiten die Sachbefugnis des Klägers, weil seine Ehefrau mit dem Abschluß des Vertrages vom 11. November 1935 im bewußten Zusammenwirken mit ihrem Ehemann ihre Geschäftsführungsbefugnisse überschritten habe. Auch bestreiten sie, daß ihr Vater und Schwiegervater seine Pflichten als Prokurist der Gesellschaft verletzt habe.

Das Landgericht hat die Klage abgewiesen. Es nimmt an, der Kläger sei zwar zur Klage befugt, das von ihm behauptete Verschulden B.s sei aber nicht festzustellen. Das Kammergericht hat die Berufung des Klägers zurückgewiesen, weil der Kläger nicht zur Klage befugt sei. Außerdem hält es ein Verschulden B.s nicht für nachgewiesen. Die Revision des Klägers blieb ohne Erfolg.

Aus den Gründen:

1. Durch den Vertrag vom 11. November 1935 hat sich die Ehefrau des Klägers als zur Vertretung der Gesellschaft ermächtigte Gesellschafterin ihrem Ehemanne gegenüber verpflichtet, ihm das gesamte gegenwärtige Gesellschaftsvermögen zu übertragen. Sie hat auch die in einem Verzeichnis aufgeführten Forderungen und Rechte der Firma F. an ihn abgetreten. Die Firma F. erteilte dem Kläger den Auftrag, das ihm übertragene Vermögen im Interesse und für Rechnung aller Gesellschafter in Verwahrung zu nehmen, zu verwalten und den sich bei der Verwaltung und Verwertung der Vermögensgegenstände ergebenden Erlös so aufzuteilen, als wenn die offene Handelsgesellschaft im Sinne der §§ 145 flg. HGB. regelrecht abgewickelt worden wäre. Der Berufungsrichter hat mit Recht angenommen, daß die Ehefrau des Klägers durch den Abschluß dieses Vertrages ihre durch § 116 HGB. geregelte Geschäftsführungsbefugnis überschritten habe, da diese Befugnis nichts umfassen könne, was der gemeinschaftlichen Erreichung des Gesellschaftszwecks entgegenstehe. Denn nach § 116 HGB. erstreckt sich die Befugnis zur Geschäftsführung auf alle Handlungen, die der gewöhnliche Betrieb des Handelsgewerbes der Gesellschaft mit sich bringt; zur Vornahme von Handlungen, die darüber hinausgehen, ist jedoch ein Beschluß sämtlicher Gesellschafter erforderlich. Die Übertragung des gesamten Vermögens einer offenen Handelsgesellschaft auf einen Dritten, die in der ausgesprochenen Absicht vorgenommen wird, so die gesetzlich vorgesehene Form der Liquidation (Abwicklung) zu beseitigen, liegt aber außerhalb des gewöhnlichen Betriebs des Handelsgewerbes einer jeden Gesellschaft. Das verkennt auch der Kläger nicht. Er meint aber, gleichwohl sei die Mitwirkung der Beklagten nach § 116 Abs. 2 HGB. nicht erforderlich gewesen, weil auf ihrer Seite bei dem ganzen Vertrag ein „totaler" Interessenwiderstreit bestanden habe. Das ist jedoch unrichtig. Allerdings besteht für die offene Handelsgesellschaft keine ausdrückliche Bestimmung, daß bei einem Widerstreite der Belangnisse der betreffende Gesellschafter von der Beschlußfassung ausgeschlossen wäre. Der Senat hat aber in RGZ. Bd. 136 S. 236 (245) ausgesprochen, daß sich aus den Stimmenthaltungsvorschriften in § 34 BGB., § 252 Abs. 3 HGB., § 47 Abs. 4 GmbHG., § 43 Abs. 3 GenG., die den Interessenwiderstreit bei der Entlastung von Mitgliedern juristischer Personen oder bei der

Vornahme eines Rechtsgeschäfts mit ihnen betreffen, ein Rechtsgrundsatz ergebe, der auf die insoweit völlig gleichgearteten Verhältnisse der bürgerlich-rechtlichen Gesellschaft auszudehnen sei, obwohl für diese eine entsprechende Gesetzesvorschrift fehle. Ob an dieser Auffassung uneingeschränkt festgehalten werden kann und sie auch uneingeschränkt für die offene Handelsgesellschaft gilt, bedarf mit Rücksicht darauf, daß nach § 114 Abs. 5 AktG. das frühere Stimmrechtsverbot für diesen Fall — Vornahme eines Rechtsgeschäfts — beseitigt ist, an sich einer Nachprüfung. Es kommt jedoch im vorliegenden Falle nicht darauf an, weil der Gesellschafter einer offenen Handelsgesellschaft mindestens dann von der Mitwirkung bei der Beschlußfassung ausgeschlossen ist, wenn es sich darum handelt, ob die Gesellschaft gegen ihn vertragliche oder außervertragliche Ansprüche geltend machen soll, und zwar auch dann, wenn diese Ansprüche auf seiner Haftung als Erbe beruhen. Im vorliegenden Falle waren und sind also die Beklagten von der Mitwirkung bei der Beschlußfassung darüber ausgeschlossen, ob gegen sie als Erben ihres Vaters Ansprüche aus seiner Tätigkeit als Prokurist geltend gemacht werden sollen.

2. Daraus folgt aber nicht, daß die Ehefrau des Klägers ihrem Ehemanne das ganze Gesellschaftsvermögen mit Abwicklungsauftrag übertragen durfte und daß dieser Vertrag, nachdem der zweite Erbzweig, Frau von M., dem Vertrage beigetreten war, in den Rahmen der Geschäftsführungsbefugnis der Klägerin fiel. Denn diese Geschäftsübertragung geht weit über die bloße Geltendmachung von Ansprüchen der Gesellschaft gegen die Beklagten als Erben ihres Vaters hinaus. Es ist nämlich nicht richtig, daß zur Zeit des Vertragschlusses das ganze Gesellschaftsvermögen nur in den — bestrittenen — Forderungen gegen die Beklagten bestand. In dem Vermögensverzeichnis, das dem Vertrag angefügt ist, sind vielmehr noch weitere Rechte und Forderungen aufgeführt. Unerheblich ist es auch, ob die Beklagten die Teilnahme an der Abwicklung selbst verweigert haben, wie die Revision geltend macht; denn auch in diesem Falle durfte die Ehefrau des Klägers nicht so vorgehen, wie sie es getan hat, sondern mußte nötigenfalls gegen die Beklagten, wenn die Gesellschaft aufgelöst war, auf Mitwirkung bei der Abwicklung klagen oder die Ernennung von Abwicklern nach § 146 Abs. 2 HGB. bei Gericht beantragen. Die Beklagten brauchten sich, da der Abschluß des Treuhandvertrages ihre

Rechte verletzte, auch nicht auf Vorschläge zu seiner Abänderung einzulassen. Sie wurden also durch den Vertrag um ihr Recht auf Mitwirkung bei der Abwicklung nach § 146 HGB. gebracht, obwohl bei einer solchen — abgesehen von der Frage der Geltendmachung der Ansprüche gegen sie selbst — kein Widerstreit der Belange zu erwarten war.

Demnach hat der Berufungsrichter mit Recht angenommen, daß die Ehefrau des Klägers bei Abschluß des Vertrages vom 11. November 1935 nicht mehr im Rahmen ihrer Geschäftsführungsbefugnis geblieben ist, weil zu dem von ihr vorgenommenen Geschäft nach § 119 Abs. 1 HGB. im Innenverhältnis die Zustimmung aller zur Mitwirkung bei der Beschlußfassung berufenen Gesellschafter nötig, aber nicht vorhanden war. Damit ist allerdings noch nicht gesagt, daß das Geschäft auch nach außen hin, also dem Kläger gegenüber, unwirksam wäre und der Kläger aus diesem Vertrage keine Rechte erworben hätte. Denn nach § 126 HGB. erstreckt sich die Vertretungsmacht der Gesellschafter auf alle gerichtlichen und außergerichtlichen Geschäfte, und eine Beschränkung des Umfangs der Vertretungsmacht ist Dritten gegenüber unwirksam. Nach ständiger Rechtsprechung und der im Schrifttum herrschenden Auffassung findet aber nicht nur die Geschäftsführungsbefugnis, sondern auch die Vertretungsmacht des Gesellschafters da eine Grenze, wo die Grundlagen des Gesellschaftsverhältnisses in Frage stehen. Sie erstreckt sich nicht auf solche Geschäfte, die das innere Verhältnis der Gesellschafter zueinander betreffen (vgl. RGZ. Bd. 52 S. 161, Bd. 91 S. 412, Bd. 128 S. 176; Schlegelberger HGB. Bem. 7 zu § 126; Könige-Teichmann HGB. Bem. 1 Abs. 2 zu § 126; Ritter HGB. Bem. 2b zu § 126). Aus diesem Grund ist die Vertretungsmacht des Gesellschafters ausgeschlossen, wo es sich darum handelt, den Gesellschaftsvertrag zu ändern, dem Gesellschafter die Befugnis zur Geschäftsführung und Vertretung zu entziehen, einen neuen Gesellschafter aufzunehmen, einen Gesellschafter auszuschließen oder die Gesellschaft aufzulösen. Vertragliche Grundlage der offenen Handelsgesellschaft ist im vorliegenden Fall auch die Abwicklung nach Maßgabe der §§ 145flg. HGB.; denn eine abweichende Vereinbarung im Sinne des § 158 war nicht getroffen und hätte nur einstimmig von allen Gesellschaftern getroffen werden können. Durch den Vertrag vom 11. November 1935 sollten aber offensichtlich gerade die kraft Gesetzes geltende Abwicklung abgeschnitten und die Beklagten um ihre ihnen nach dem Gesetze zustehenden Mitbestimmungs- und Mitverwaltungsrechte gebracht werden. Ein solcher Vertrag fällt aus dem Rahmen der Vertretungsmacht auch des alleinvertretungsberechtigten Gesellschafters heraus. Bei dieser Auffassung werden die berechtigten Belange der Ehefrau des Klägers nicht etwa beeinträchtigt; denn es standen ihr genug Mittel und Wege offen, um auf gesetzlich zulässigem Weg einen etwaigen Schadensersatzanspruch der Gesellschaft gegen die Beklagten gerichtlich zum Austrage zu bringen. Sie konnte einen solchen Anspruch als alleinvertretungsberechtigte Gesellschafterin gegen die Beklagten geltend machen; ein Widerspruch dieser wäre unbeachtlich gewesen. Sie konnte ferner die Auflösung der Gesellschaft und die Einsetzung von Abwicklern betreiben, die dann über die Geltendmachung des Anspruchs zu befinden hatten. Der Vertrag ist demnach schon deshalb rechtsunwirksam, weil die Ehefrau des Klägers zu seinem Abschluß keine Vertretungsmacht hatte und die Beklagten von vornherein ihre Einwilligung oder Genehmigung verweigert hatten.

Darüber hinaus hat aber auch der Berufungsrichter im Ergebnis mit Recht das ganze Vertragswerk vom 11. November 1935 wegen Sittenverstoßes im Sinne des § 138 Abs. 1 BGB. für nichtig erklärt. Dabei kommt es nicht darauf an, ob der Gesellschaft und den Gesellschaftern ein Vermögensschaden erwachsen ist. Entscheidend ist vielmehr, daß damit bewußt und gewollt die Mitbestimmungs- und Mitverwaltungsrechte der Beklagten und ihr gesellschaftsrechtlicher Anspruch auf Durchführung der Abwicklung nach den §§ 145 flg. HGB. abgeschnitten werden sollten. Ein solches Vorgehen eines Gesellschafters und eines ihn beeinflussenden Dritten — hier des Klägers — bedeutet einen groben Treubruch, zumal, wie vorhin ausgeführt, gesetzmäßige Mittel und Wege offenstanden, um gegen die Beklagten den vermeintlichen Anspruch geltendzumachen, und dieses auch dem Kläger nicht unbekannt gewesen sein kann.

Der Berufungsrichter hat auch ohne Rechtsirrtum verneint, daß die Beklagten den nichtigen Vertrag bestätigt haben. (Wird näher ausgeführt.) Hiernach wird die Sachbefugnis des Klägers durch den Vertrag vom 11. November 1935 nicht begründet.

3. Der Kläger hat sich für seine Sachbefugnis weiter auf Erklärungen vom November und Dezember 1937 berufen. In diesen

erklären Frau von M. und die Ehefrau des Klägers namens der Firma F. dem Treuhänder S. — das ist der Kläger —, daß ihm gemäß § 139 BGB. auf jeden Fall zum mindesten alle ihm übertragenen Forderungen der Firma gegen die Beklagten zu I zur Geltendmachung als Treuhänder und Abführung des Erlöses an die Berechtigten verbleiben sollen; der Treuhänder nimmt diese Erklärung genehmigend unter Vorbehalt seiner Rechte an. Wenn die Ehefrau des Klägers oder Frau von M. bei Abgabe dieser Erklärungen noch alleinvertretungsberechtigter Gesellschafter der offenen Handelsgesellschaft gewesen wäre, so würde dieser Vertrag rechtswirksam sein; denn als solcher wäre jede von ihnen berechtigt, eine der Gesellschaft gegen einzelne Gesellschafter zustehende Forderung an einen Dritten zur Geltendmachung gegen diese und zur Abführung des Erlöses an die Berechtigten abzutreten. Sie waren aber im Dezember 1937 nicht mehr alleinvertretungsberechtigte Gesellschafter; denn die Gesellschaft war damals schon aufgelöst und befand sich im Abwicklungsverfahren. Dann war aber die Vertretungs- und Geschäftsführungsmacht der bisherigen Gesellschafter erloschen; denn nach den §§ 146, 150 HGB. wird die Abwicklung, sofern sie nicht durch Beschluß der Gesellschafter oder durch den Gesellschaftsvertrag einzelnen Gesellschaftern oder anderen Personen übertragen ist, durch sämtliche Gesellschafter als Abwickler vorgenommen, und sofern mehrere Abwickler vorhanden sind, können sie die zur Abwicklung gehörenden Handlungen nur in Gemeinschaft vornehmen, sofern nicht bestimmt ist, daß sie einzeln handeln können. Da eine von der gesetzlichen Regelung abweichende Vereinbarung nicht getroffen worden ist, hatten die Ehefrau des Klägers und Frau von M. mit den anderen als Abwickler berufenen Gesellschaftern im Rahmen der aufgelösten Gesellschaft nur Gesamtvertretungsmacht. Sie konnten also weder eine jede für sich, noch auch zusammen die zum Gesellschaftsvermögen gehörenden Forderungen abtreten, und zwar auch nicht die angeblichen Schadensersatzforderungen gegen die Beklagten. Allerdings ergibt sich bei der Abtretung und Geltendmachung einer Forderung der Gesellschaft gegen einzelne Mitgesellschafter — wenn diese nicht etwa selbst bei der Abtretung mitwirken wollen — die Schwierigkeit, daß die Abwicklungsgesellschaft dann nicht gesetzmäßig vertreten ist. Diese Schwierigkeit ist aber vom Gesetz nicht etwa in der Weise gelöst, daß dann die anderen Gesellschafter allein die Gesamtvertretungsmacht haben. Das hat der Senat schon in RGZ. Bd. 116 S. 116 ausgesprochen. Wenn in einem solchen Falle die Gesellschafter nicht durch einstimmigen Beschluß eine anderweitige Regelung der Vertretungsmacht beschließen oder nach § 150 Abs. 2 Satz 1 HGB. einzelne von ihnen zur Vornahme des in Frage kommenden Rechtsgeschäfts ermächtigen, so müssen die Beteiligten nach § 146 Abs. 2 HGB. beim Gericht die Ernennung eines besonderen Abwicklers beantragen. Wenn diese Regelung auch mit gewissen Weiterungen verknüpft sein kann, so hat sie den Vorzug, daß ein unbeteiligter Dritter darüber befindet, ob — jedenfalls zunächst zu Lasten des gemeinschaftlichen Vermögens der Gesellschafter — der Rechtsstreit ausgetragen werden soll.

Hiernach hat der Berufungsrichter mit Recht die Klagebefugnis des Klägers verneint und die Klage schon aus diesem Grunde abgewiesen.

---

61. Muß, um gegenüber einer letztwilligen Verfügung des überlebenden Ehegatten den Anspruch auf den Wert des Schicht- und Pflichtteils nach § 10 Abs. 4 des Gesetzes, betreffend das eheliche Güterrecht in der Provinz Westfalen usw., vom 16. April 1860 geltend machen zu können, das Kind, wenn es Erbe geworden ist, die Erbschaft ausschlagen?

Preußisches Gesetz, betreffend das eheliche Güterrecht in der Provinz Westfalen und den Kreisen Rees, Essen und Duisburg, vom 16. April 1860 (GS. S. 165) in der Fassung des Art. 48 §§ 3 bis 8 des Preuß. AG. z. BGB. § 10. EG. z. BGB. Art. 213. BGB. § 2306.

IV. Zivilsenat. Urt. v. 1. Februar 1940 i. S. H. (Kl.) w. F. u. a. (Bekl.). IV 112/39.

I. Landgericht Essen.
II. Oberlandesgericht Hamm.

Der Kläger und die ursprünglich zehn Beklagten sind die Kinder der verstorbenen Eheleute Tiefbauunternehmer Franz und Sophie H. Diese haben im Jahre 1875 die Ehe geschlossen und ihren ersten ehelichen Wohnsitz in Essen genommen, so daß sich ihre güterrechtlichen Verhältnisse nach dem Gesetz über die westfälische Gütergemeinschaft vom 16. April 1860 bestimmen. Der Ehemann H. ist im Jahre 1919 gestorben. Seine Frau setzte mit ihren elf Kindern, den Parteien dieses Rechtsstreits, die Gütergemeinschaft fort. Im September 1937 ist auch die Ehefrau H. gestorben. Sie hat ein Testament hinterlassen, in dem sie über die Erbeinsetzung selbst nichts bestimmt hat. Erben sind daher ihre elf Kinder zu gleichen Teilen geworden. Sämtliche Kinder haben die Erbschaft nach ihren Eltern angenommen. Der Nachlaß, der im wesentlichen aus Grundstücken besteht, ist noch ungeteilt. Das Testament der Witwe H. enthält jedoch verschiedene Anordnungen, durch die teils die gesamten, teils einzelne Erben in der freien Verfügung über ihre Anteile beschränkt und beschwert werden. Im einzelnen ist insbesondere folgendes angeordnet: „Hierdurch bestimme ich, Endesunterschriebene, daß von meinen Grundstücken, meinen Häusern, sowie von meiner Ringofenziegelei nichts verkauft noch verschenkt werden kann, ohne daß sieben von meinen Kindern damit einverstanden sind.“ Das Testament enthält weiter Anordnungen über auszugleichende Vorempfänge einzelner Miterben, Bestimmungen über die Nachlaßschulden, über die Verwaltung der Ringofenziegelei, über die Fortführung des Haushalts, die Einräumung eines unentgeltlichen Wohnrechts für einen der Miterben sowie die Aussetzung einiger Vermächtnisse. Am Schluß heißt es dann: „Zur Ausführung dieses meines letzten Willens bestimme ich meine Tochter, Friedchen H., jetzige Frau Medizinalrat Dr. H. Ihre Brüder wollen ihr dabei behilflich sein.“

Der Kläger ist der Ansicht, durch dieses Testament seiner Mutter, und zwar insbesondere durch die angeordnete Testamentsvollstreckung und die Bindung der Veräußerung von Grundstücken an die Zustimmung von 7 der 11 Miterben, sei er in seiner Stellung als Miterbe unzulässig beschränkt und beschwert und in seinem Schicht- und Pflichtteilsrecht verletzt. Er berechnet unter Zugrundelegung einer Nachlaßmasse von 220000 RM. den ihm zustehenden Schichtteil auf mindestens 10000 RM. und den Pflichtteil auf mindestens 5000 RM. Mit der Klage hat er einen Teilbetrag seiner Forderungen geltend gemacht und zunächst beantragt, die sämtlichen Beklagten als Erben der Eheleute Franz und Sophie H. zur Zahlung von 10000 RM. nebst Zinsen an ihn, ferner die Beklagte zu 4 als Testamentsvollstreckerin zur Duldung der Zwangsvollstreckung in die ihrer Verwaltung unterliegenden Nachlaßgegenstände zu verurteilen. Hilfsweise, nämlich für den Fall, daß das Gericht die seinen Schicht- und Pflichtteil beeinträchtigenden Testamentsanordnungen für unwirksam erachten solle, hat der Kläger beantragt, die Beklagten — die Beklagte zu 4 auch als Testamentsvollstreckerin — zu verurteilen, die Zwangsversteigerung der Grundstücke zwecks Teilung und Auseinandersetzung unter den Miterben zu dulden.

Die Beklagten zu 9 und 10 haben den ersten Klageantrag anerkannt und sind demgemäß durch Anerkenntnisurteil verurteilt worden. Die übrigen Beklagten haben um Klageabweisung gebeten.

Das Landgericht hat den vom Kläger geltend gemachten Pflicht- und Schichtteilsanspruch dem Grunde nach für gerechtfertigt erklärt. Die Beklagten haben Berufung eingelegt und ihren Antrag auf Klageabweisung aufrechterhalten. Der Kläger hat im Wege der Anschlußberufung seinen Klageantrag erweitert und nunmehr beantragt, die Beklagten unter Vorbehalt der Beschränkung auf die Erbenhaftung als Gesamtschuldner zu verurteilen, an ihn 12200 RM. nebst Zinsen als Schichtteil und 6100 RM. nebst Zinsen als Pflichtteil zu zahlen, die Beklagte zu 4 in ihrer Eigenschaft als Testamentsvollstreckerin zur Duldung der Zwangsvollstreckung in die ihrer Verwaltung unterliegenden Nachlaßgegenstände wegen der genannten Beträge zu verurteilen. Er hat auch seinen Hilfsantrag aufrechterhalten. Das Berufungsgericht hat der Berufung stattgegeben und die Klage abgewiesen. Die Revision des Klägers blieb erfolglos.

Gründe:

Das Berufungsgericht hat zunächst geprüft, ob das Testament der Witwe H. im vollen Umfange wirksam sei, und diese Frage in Übereinstimmung mit dem Landgericht bejaht. Die Verfügung der Witwe H. beziehe sich nicht nur auf die ihr gehörende Hälfte des gemeinschaftlichen Vermögens, sondern erfasse das ganze Gesamtgut, also auch die mit dem Tode des Ehemanns bereits den Kindern zu Eigentum angefallene andere Hälfte des gemeinschaftlichen Vermögens. Gegen eine derartige letztwillige Verfügung des Überlebenden sei im Hinblick auf § 10 Abs. 4 des Gesetzes über die westfälische Gütergemeinschaft vom 16. April 1860 weder grundsätzlich noch nach den einzelnen von der Erblasserin getroffenen Bestimmungen etwas einzuwenden. An der Rechtsprechung des früheren 1. Zivilsenats des Oberlandesgerichts in Hamm sei festzuhalten, wonach der überlebende Ehegatte auf Grund des § 10 Abs. 4 für die Nachfolge der unabgefundenen Kinder in das gesamte gütergemeinschaftliche Vermögen alle Anordnungen treffen könne, die überhaupt in einer letztwilligen Verfügung getroffen werden könnten. Unentschieden könne bleiben, ob der Kläger durch das Testament der Mutter in seinem Schicht- und Pflichtteilsrechte verletzt sei, da die Wirksamkeit der testamentarischen Bestimmung dadurch auf keinen Fall berührt werde. Aus der Wirksamkeit des Testaments ergebe sich ohne weiteres, daß jedenfalls der Hilfsantrag des Klägers unbegründet sei. Das gleiche gelte aber auch von dem Hauptantrage.

Für den Pflichtteilsanspruch sei entscheidend, daß der durch eine Teilungsanordnung beschwerte Erbe — und das sei hier der Kläger — gemäß § 2306 BGB. den Pflichtteil nur verlangen könne, falls er zuvor die Erbschaft ausschlage. Da die Witwe H. nach 1900 gestorben sei, gälten hier für den Pflichtteil gemäß Art. 213 EG. z. BGB. die Vorschriften des Bürgerlichen Gesetzbuchs. Zu dem Ergebnis, daß der Kläger die Erbschaft habe ausschlagen müssen, gelange man aber auch, wenn man den Begriff des Pflichtteils nicht dem Bürgerlichen Gesetzbuch entnähme, sondern lediglich nach dem Gesetz von 1860 bestimme. Dieses Gesetz übernehme den Begriff des Pflichtteils aus dem Allgemeinen Landrecht. Die Anwendbarkeit der cautela Socini — des auch der Bestimmung des § 2306 Abs. 1 Satz 2 BGB. zugrunde liegenden Gedankens — im Gebiete des Allgemeinen Landrechts, das sie nicht ausdrücklich erwähne, sei in Rechtsprechung und Schrifttum allgemein anerkannt. Der Ansicht des Landgerichts, die cautela Socini sei mit dem Gesetze von 1860 unvereinbar, sei nicht zuzustimmen. Der Kläger habe die Erbschaft nach seiner Mutter nicht ausgeschlagen, sondern unstreitig angenommen. Die in der mündlichen Verhandlung vor dem Berufungsgericht abgegebene Erklärung, er wolle für den Fall, daß ihm das Gericht den Schicht- und Pflichtteilsanspruch zuerkenne, auf seine Rechtsstellung als Miterbe „verzichten", genüge — insbesondere beim Widerspruch der Beklagten — nicht, ihn als aus der Erbengemeinschaft ausgeschieden zu betrachten. Mithin könne er keinen Pflichtteilsanspruch geltend machen. Soweit der Kläger seine Ansprüche etwa auf § 2305 BGB. stütze, scheitere das ohne weiteres daran, daß dessen Voraussetzungen nicht vorlägen.

Für den Schichtteilsanspruch komme man zu demselben Ergebnis. Schichtteilsrecht sei das jedem Abkömmling für den Fall der Schichtung gewährte Recht auf Zuwendung des Wertes seines bisherigen Anteilsrechts an der fortgesetzten Gütergemeinschaft. Schon aus dieser Begriffsbestimmung ergebe sich die Verwandtschaft des Schicht- und des Pflichtteilsrechts. Eine Verletzung des Pflichtteilsrechts treffe auch das Schichtteilsrecht, da Schichtteils- und Pflichtteilsansprüche derart eng miteinander verbunden seien, daß sie nur einheitlich gewahrt oder beide zusammen verletzt werden könnten. Deshalb stehe .ein Anspruch auf den Wert des Schichtteils in Geld dem Berechtigten auch dann zu, wenn ihm, wie hier dem Kläger, zwar der volle Schichtteil zugewendet, aber durch Beschränkungen und Erschwerungen der im § 2306 BGB. bezeichneten Art belastet sei. Für eine so weitgehende Gleichstellung des Pflichtteils- und Schichtteilsrechtes spreche auch die Tatsache, daß beide Rechte in § 10 Abs. 4 des Gesetzes von 1860 für den Fall einer „letztwilligen Disposition" als offenbar vollkommen gleichartig nebeneinander gestellt seien. Beim Schichtteilsrecht gelte ebenfalls der für das Pflichtteilsrecht in § 2306 Abs. 1 Satz 2 BGB. ausgesprochene Gedanke der cautela Socini, so daß auch hier der Berechtigte nur entweder anteilsberechtigt oder abfindungsberechtigt sein könne. Dieser Grundsatz müsse als allgemeiner Rechtsgedanke, wie er schon in der Entscheidung des Reichsgerichts RGZ. Bd. 36 S. 252flg. für das Allgemeine Landrecht entwickelt worden sei, zur Anwendung kommen. Dem sei auch die Rechtsprechung des 1. Zivilsenats des Oberlandesgerichts in Hamm gefolgt, und ebenso behandele das ältere Schrifttum zum Gesetz von 1860 das Pflicht- und Schichtteilsrecht insoweit völlig gleich. Infolgedessen müsse auch der Schichtteilsanspruch des Klägers daran scheitern, daß er die Erbschaft nicht ausgeschlagen habe.

Die Revision ist nicht begründet.

Zunächst ist dem Berufungsrichter in seiner offenbar auch von der Revision geteilten Ansicht beizutreten, daß das Testament der Mutter der Parteien im vollen Umfange gültig ist. Die Mutter der Parteien als überlebender Ehegatte hat, wie im Berufungsurteil dargelegt ist, in das den Kindern nach § 10 Abs. 4 des Gesetzes vom 16. April 1860 zustehende Recht eingegriffen; doch stellt sich, wie der erkennende Senat bereits früher im Anschluß an die ständige Rechtsprechung des Oberlandesgerichts in Hamm entschieden hat (vgl. RGZ. Bd. 158 S. 65flg. [S. 76/77]), die Vorschrift des § 10 Abs. 4 nicht als ein gesetzliches Verbot dar, sondern lediglich als die Zubilligung eines durch abweichende letztwillige Verfügungen nicht zu beseitigenden Anspruchs auf den Wert des Schicht- und Pflichtteils. Daraus folgt ohne weiteres, daß einerseits der von der Unwirksamkeit der Testamentsbestimmungen ausgehende Hilfsantrag des Klägers unbegründet ist, wie andererseits, daß der Kläger, wenn er die seinem Erbteil durch die letztwillige Verfügung der Mutter auferlegten Beschränkungen nicht dulden wollte, gemäß § 10 Abs. 4 den Anspruch auf den Wert des Schicht- und Pflichtteils geltend machen konnte. Daran änderte sich, wie das Berufungsgericht mit Recht annimmt, dadurch nichts, daß die Beschränkungen auch sämtliche übrigen Kinder trafen. Entscheidend ist hier allein, ob der Kläger, um den genannten Anspruch geltend machen zu können, die Erbschaft hätte ausschlagen müssen. Dazu sei vorweg bemerkt, daß er das Ausschlagungsrecht nach dem Tode seiner Mutter nicht nur für seinen Anteil an der dieser beim Tode des Mannes zugefallenen Nachlaßhälfte, sondern auch für seinen Anteil an der anderen Nachlaßhälfte hatte. Diese Hälfte war allerdings nach § 7 des Gesetzes vom 16. April 1860 als Nachlaß des erstverstorbenen Ehemannes schon bei dessen Tod auf die Kinder und damit auch auf den Kläger vererbt worden. Doch ist dieses Erbrecht der Kinder im wesentlichen eine Form, da nach § 10 der überlebende Ehegatte, der mit den Kindern die Gütergemeinschaft fortsetzt, nicht nur den Nießbrauch und die Verwaltung am gesamten gemeinschaftlichen Vermögen hat, sondern darüber auch gemäß § 10 Abs. 2 in Verbindung mit § 3 und gemäß § 10 Abs. 4 in weitestem Umfang unter Lebenden und von Todes wegen verfügen kann. Erst mit dem Tode des Überlebenden klären sich also die Erbverhältnisse der Kinder am Gesamtnachlasse. Dem entspricht es — und das ist auch allgemein anerkannt (vgl. Böttrich Die westfälische Gütergemeinschaft, Nachtrag [Ergänzungen zu § 23] Nr. 3; Welter-Schultz Handbuch über das eheliche Güterrecht in Westfalen § 200 Abs. 2 S. 394) —, daß nach dem Tode des längstlebenden Ehegatten die Kinder berechtigt sind, die Erbschaft auch des vorverstorbenen Elternteils und daher den ganzen Nachlaß innerhalb der gesetzlichen Frist auszuschlagen.

Entgegen der Ansicht der Revision muß dem Berufungsgericht aber auch darin beigetreten werden, daß der Kläger, um den Anspruch auf den Wert des Schicht- und Pflichtteils geltend machen zu können, die Erbschaft hätte ausschlagen müssen. Daß die Ausschlagung Voraussetzung für die Geltendmachung des Pflichtteilsanspruchs ist, ergibt sich, wie das Berufungsgericht mit Recht annimmt, ohne weiteres aus § 2306 BGB., da gemäß Art. 213 EG. z. BGB. die Vorschriften des Bürgerlichen Gesetzbuches über den Pflichtteil anzuwenden sind. Der vom Landgericht geäußerten Ansicht, daß sich die Bestimmung des § 2306 Abs. 1 Satz 2 BGB. mit dem Gesetz von 1860 nicht vereinbaren lasse, ist das Berufungsgericht mit zutreffenden Gründen entgegengetreten. Voraussetzung für den Pflichtteilsanspruch war deshalb, daß der Kläger die Erbschaft ausschlug. Da er das nicht getan, vielmehr die Erbschaft angenommen hat, steht dem Kläger kein Pflichtteilsanspruch zu. Dem Berufungsgericht kann aber auch darin nicht entgegengetreten werden, daß die Ausschlagung ebenso zur Entstehung des Anspruchs auf den Wert des Schichtteils erforderlich gewesen sei. Die Revision macht dagegen vor allem geltend, der Schichtteilsanspruch sei kein Erbanspruch, der begrifflich erst durch den Tod des Erblassers entstehe, sondern er bestehe schon während der ganzen fortgesetzten Gütergemeinschaft zu Recht als Folge der rechtlichen Beteiligung des Abkömmlings an der Gütergemeinschaft als solcher. Das ist zwar insofern richtig, als dem Kinde schon ein Recht am Gesamtgute zusteht, ändert aber nichts an der Tatsache, daß das Erbverhältnis der Kinder sich endgültig erst beim Tode des überlebenden Ehegatten regelt. Das ist hier mit der Folge geschehen, daß der Kläger beim Tode der Mutter zu einem Elftel Erbe des Gesamtnachlasses geworden ist.

Mit Recht wendet das Berufungsgericht unter Bezugnahme auf die vom Reichsgericht in seiner Entscheidung RGZ. Bd. 36 S. 252flg. für das Allgemeine Landrecht entwickelten Grundsätze den Rechtssatz an, daß auch hier der Berechtigte entweder nur anteilsberechtigt (also am Nachlaß beteiligt) oder nur abfindungsberechtigt, d. h. nur forderungsberechtigt, sein könne. Mangels einer Ausschlagung ist der Kläger mit dem Tode der Mutter endgültig Erbe — und zwar, wie oben erörtert, Miterbe am Gesamtnachlaß — geworden und kann dann also auch wegen der Nachlaßhälfte des vorverstorbenen Ehegatten nicht gleichzeitig noch forderungsberechtigt sein. Schon aus diesem Grunde war auch der Anspruch auf den Wert des Schichtteils von der Ausschlagung der Erbschaft abhängig. Es ist zu berücksichtigen, daß nach der Bestimmung des § 10 Abs. 4 des Gesetzes vom 16. April 1860 im Falle einer letztwilligen Verfügung das Recht des Kindes auf den Wert des Schichtteils und des Pflichtteils ersichtlich eine Einheit bildet, so daß von vornherein eine Regelung, die dem Kinde den einen Anspruch zuerkennt und den anderen versagt, als ausgeschlossen erscheint. Die Revision möchte daraus folgern, daß, da nach ihrer Ansicht für den Anspruch auf den Wert des Schichtteils eine Ausschlagung nicht erforderlich sei, dann auch keine Ausschlagung für die Erlangung des Pflichtteilsanspruchs gefordert werden könne. Das ist schon deshalb nicht haltbar, weil beim Pflichtteil die ausdrückliche gesetzliche Bestimmung des § 2306 Abs. 1 Satz 2 BGB. eingreift. Für den Anspruch auf den Wert des Schichtteils besteht fraglos keine ausdrückliche Bestimmung. Nach den vom Berufungsgericht entwickelten allgemeinen Grundsätzen und mit Rücksicht auf die nach § 10 Abs. 4 des Gesetzes vom 16. April 1860 geltende Gleichstellung der beiden Ansprüche muß aber auch bei dem Anspruch auf den Wert des Schichtteils angenommen werden, daß Voraussetzung für ihn die Ausschlagung der Erbschaft ist. Mit Unrecht meint die Revision, den Schichtteil auszuschlagen, sei gar nicht möglich. Es handelt sich nicht um eine Ausschlagung des Schichtteils, sondern um die der Erbschaft. Erst durch ihre Ausschlagung entsteht der Pflichtteilsanspruch, von dem der Schichtteilsanspruch nicht zu trennen ist.

Freisler-Krug

Die neuen Kriegsgesetze

Fortlaufende Sammlung
in 10 Gruppen eingeteilt
mit Ergänzungsbestim-
mungen / Loseblattform

Die neuen Kriegsgesetze

(Mit Durchführungsverordnungen und Verfügungen)

Für die Praxis der Behörden und der Wirtschaft zusammengestellt

Unter Mitwirkung von Sachbearbeitern aus Reichsministerien

herausgegeben von

Staatssekretär Dr. R. Freisler

und

Ministerialrat Dr. K. Krug

im Reichsjustizministerium

Der **Hauptband** — inhaltlich bis Anfang Oktober reichend — umfaßt 25 Druckbogen. RM 8.–

Der ersten Ausgabe folgte bereits eine umfangreiche Ergänzung:

1. Ergänzung. Enthaltend die Abteilungen IV, VIII, IX, X, sowie Nachträge zu den Abteilungen I, II, III, V, VI, VII. RM 12.–

Mit dieser ersten Ergänzung ist das Material der meisten Abteilungen bis Mitte November vorgelegt und dürfte damit die überwiegende Anzahl der Grundbestimmungen der Kriegsgesetzgebung nebst sehr vielen wichtigen Einzelheiten enthalten, so daß späterhin die weiteren Ergänzungen sich vermutlich in bescheidenerem Rahmen halten werden.

Durch Ergänzungen werden die Sammlung und die einzelnen Abteilungen auf dem laufenden gehalten werden

Der Inhalt ist in folgende Abteilungen gegliedert:

I. **Öffentliche Ordnung**
II. **Kriegsorganisation** (I. Verwaltung, II. Wirtschaft)
III. **Rechtspflege**
IV. **Wirtschaftsrecht** (I. Handel und Gewerbe. II. Warenverkehr. III. Preisvorschriften. IV. Geld, Bank, Börse)
V. **Arbeits- und Sozialrecht** (I. Arbeitsrecht. II. Sozialrecht)
VI. **Steuerrecht**
VII. **Verbrauchsgüterregelung** (I. Lebensmittel, II. Wirtschaftsgüter)
VIII. **Verkehrsrecht**
IX. **Wehrrecht und Luftschutz** (I. Wehrrecht. II. Wehrleistungsrecht. III. Luftschutz. IV. Arbeitsdienst)
X. **Verschiedenes**

In der vorliegenden Sammlung sind die Kriegsvorschriften unter besonderer Berücksichtigung alles für die Wirtschaft und die Behörden Wichtigen, nach Sachgebieten geordnet, wiedergegeben. Berücksichtigt werden alle wesentlichen Vorschriften, die seit Ausbruch des Krieges zur Durchführung der Reichsverteidigung ergehen. Dabei sind nicht nur die Gesetze und Verordnungen, die im Reichsgesetzblatt veröffentlicht sind, erfaßt, sondern auch alle Ausführungsbestimmungen und wesentlichen Ministerialerlasse aus dem Reichsanzeiger und den Ministerialblättern, da erst so ein vollständiger Überblick entsteht und das erforderliche Verständnis für die Zusammenhänge und Auswirkungen ermöglicht wird.

Hiermit bestelle ich aus dem Verlag **Walter de Gruyter & Co., Berlin W 35,**

durch die Buchhandlung ....

....

.... **Die neuen Kriegsgesetze.** Herausgegeben von R. Freisler und K. Krug. RM 8.—

.... **1. Ergänzungsband** dazu. RM 12.—

Ferner:

....

Unterschrift: .... Wohnort: ....

Straße: .... Datum: ....

Die neuen Kriegsgesetze

(Mit Durchführungsverordnungen und Verfügungen)

Für die Praxis der Behörden und der Wirtschaft zusammengestellt

Unter Mitwirkung von Sachbearbeitern aus Reichsministerien
herausgegeben von

Staatssekretär Dr. R. Freisler
und
Ministerialrat Dr. K. Krug
im Reichsjustizministerium

Der **Hauptband** — inhaltlich bis Anfang Oktober reichend — umfaßt 25 Druckbogen. RM 8.–

Der ersten Ausgabe folgte bereits eine umfangreiche Ergänzung:
1. Ergänzung. Enthaltend die Abteilungen IV, VIII, IX, X, sowie Nachträge zu den Abteilungen I, II, III, V, VI, VII. RM 12.–

BESTELLKARTE

Absender:

An die Buchhandlung

I. 40.

In der vorliegenden Sammlung sind die Kriegsvorschriften unter besonderer Berücksichtigung alles für die Wirtschaft und die Behörden Wichtigen, nach Sachgebieten geordnet, wiedergegeben. Berücksichtigt werden alle wesentlichen Vorschriften, die seit Ausbruch des Krieges zur Durchführung der Reichsverteidigung ergehen. Dabei sind nicht nur die Gesetze und Verordnungen, die im Reichsgesetzblatt veröffentlicht sind, erfaßt, sondern auch alle Ausführungsbestimmungen und wesentlichen Ministerialerlasse aus dem Reichsanzeiger und den Ministerialblättern, da erst so ein vollständiger Überblick entsteht und das erforderliche Verständnis für die Zusammenhänge und Auswirkungen ermöglicht wird.

An der Wichtigkeit einer Sammlung dieser Bestimmungen ist kein Zweifel; die chronologische Ordnung gibt ein interessantes Bild der Entwicklung und ihre sachliche Gliederung mit den vielen Verweisungen ermöglicht ein rasches Erkennen der Zusammenhänge. Einigen Abschnitten ist eine sachlich aufschlußreiche Übersicht vorangestellt, wie sie auch für die anderen Abschnitte gelegentlich noch geliefert werden soll, sobald ein Überblick in greifbarer Gestalt möglich ist. Verweisungen, Hinweise und gelegentliche Erläuterungen dienen der praktischen Handhabung. Das eingehende Stichwortverzeichnis ist bei der neuen Lieferung vollständig erneuert worden.

Einzelne der Abteilungen werden einer Reihe von Behörden oder Wirtschaftsstellen besonders dringlich, ja vielleicht als Einzelausgabe wertvoll erscheinen; ein Einzelbezug der betreffenden Gruppen ist möglich gemacht.

„Wer heute als Rechtswahrer, als Verwaltungsbeamter, als Wirtschaftsmann seinen Platz in Amt und Beruf wahren will, kann gar nicht auskommen ohne eine schlagkräftige, gut geordnete, auf dem laufenden bleibende Sammlung der großen Zahl neuer Gesetze und Verordnungen. Hier liegt eine solche mustergültige Sammlung vor uns. Der Aufbau ist wohlüberlegt und handlich-greifbar. Das Format ist nicht ein schwerfällig kartoniertes Großformat, sondern handliche Buchform, zur leichten Einordnung der Ergänzungsblätter hergerichtet. Der Druck ist überaus klar und angenehm, die Heraushebung der Überschriften und Untertitel in allen diesen zahlreichen Gesetzestexten geschickt und gewinnend. So kann man das Buch bequem neben sich legen und mit einfachem Griff sich in den bedrängenden Fragen des Alltags rasche Antwort holen.

Jahrzehntelang sind wir auf Schritt und Tritt von den kleinen, allmählich größer werdenden Guttentagschen Textausgaben und Handkommentaren begleitet worden. Auch die Schweitzerschen Gesetzesausgaben sind durch viele Hände gegangen. Es ist erfreulich, daß mit diesem eigenartigen neuen Sammelunternehmen, nach dem wiederum Tausende von Händen greifen werden, die bewährte Tradition weitergeführt worden ist."

Prof. Dr. J. W. Hedemann in „Deutsche Justiz" Nr. 45/1939

„... Die Sammlung ist besonders für die Behörden und alle in der Wirtschaft Tätigen, für die sie in erster Linie gedacht ist und von denen eine genaue Kenntnis der Bestimmungen zu verlangen ist, ein unentbehrliches Nachschlagewerk, das bequem und schnell über alle Fragen der Kriegsgesetzgebung unterrichtet. Die Aufnahme auch der nicht im Reichsgesetzblatt veröffentlichten Bestimmungen beugt der Gefahr vor, daß wichtige Vorschriften übersehen und nicht beachtet werden. Das preiswerte und handliche Werk, dessen Hauptvorzüge Vollständigkeit, Zuverlässigkeit und Übersichtlichkeit sind, kann allen Beteiligten dringend zur Anschaffung empfohlen werden."

Kammergerichtsrat Dr. Höver
in „Deutsches Gemein- und Wirtschaftsrecht" Heft 1/1940

FSC
www.fsc.org
MIX
Papier | Fördert gute Waldnutzung
FSC® C083411

Kolibri 360 GmbH
Ferdinand-Jühlke-Straße 7
99095 Erfurt, Deutschland
produktsicherheit@kolibri360.de